陶渊明传

纵浪大化中，不喜亦不惧

云——著

光明日报出版社

图书在版编目（CIP）数据

陶渊明传：纵浪大化中，不喜亦不惧 / 刘蔚云著.
北京：光明日报出版社，2025. 3. -- ISBN 978-7-5194-8547-4

Ⅰ．K825.6

中国国家版本馆CIP数据核字第2025RR4724号

陶渊明传：纵浪大化中，不喜亦不惧
TAOYUANMING ZHUAN: ZONG LANG DA HUA ZHONG,
BU XI YI BU JU

著　　者：刘蔚云			
责任编辑：王　娟		责任校对：孙　展	
特约编辑：胡　峰　孙美婷		责任印制：曹　净	
封面设计：李果果			

出版发行：光明日报出版社

地　　址：北京市西城区永安路 106 号，100050

电　　话：010-63169890（咨询），010-63131930（邮购）

传　　真：010-63131930

网　　址：http://book.gmw.cn

E － mail：gmrbcbs@gmw.cn

法律顾问：北京市兰台律师事务所龚柳方律师

印　　刷：天津鑫旭阳印刷有限公司

装　　订：天津鑫旭阳印刷有限公司

本书如有破损、缺页、装订错误，请与本社联系调换，电话：010-63131930

开　　本：146mm × 210mm		印　　张：8	
字　　数：168 千字			
版　　次：2025 年 3 月第 1 版			
印　　次：2025 年 3 月第 1 次印刷			
书　　号：ISBN 978-7-5194-8547-4			
定　　价：49.80 元			

目录

序

第一章

陶孟之后，士族之裔

第四章 心生倦意，诀别官场

第五章

归隐田园，爱恨离别

第七章

晚年经历，
桃花源记

序

"艺术是真理的原始发生"，存在主义哲学家海德格尔如是说。如果感觉抽象，最好的方法，是读一读被千万次吟诵过的，陶渊明的诗：

> 结庐在人境，而无车马喧。
>
> 问君何能尔？心远地自偏。
>
> 采菊东篱下，悠然见南山。
>
> 山气日夕佳，飞鸟相与还。
>
> 此中有真意，欲辨已忘言。
>
> ——《饮酒·其五》

没有高足远游离世索居，仍身居人境，只因在内心修了篱种了菊，便再也听不到那些权贵们马车的喧嚣和乱世中谋虚逐妄的纷扰。

常常漫步于大自然中，不经意地抬头，看到了南山的悠然，南山亦看到了他的悠然。神与物游，天人合一。

日夕的山气、归还的飞鸟，与其说是陶渊明目视的客观景象，不如说是他澄明的内在心境，映照于整个外部生存场。田园幽静的景象，淳朴的乡俗，无一不蕴含着与虚伪矫饰、争名夺利对立的人生真意。飞鸟归家，而他也解绶而去，脱逃污浊腐朽的官场，一改后天被世俗熏染的"伪我"，回到了本自具足、崇尚自然的"真我"。

言语只是通向真理的道路，走到路的尽头，语言就结束了。此时，沉默是最流畅的言说……

陶渊明的诗歌以朴素自然的语言刻画了田园山水，让人从中体会到深邃的哲思。这些诗作就像中国的山水画一样，看似简单却蕴含着丰富的意境，而最动人的部分往往在那些留白之处。

要理解这些诗中的"真意"，或许是老子所说的"孰能浊以止？静之徐清；孰能安以久？动之徐生"的答案——道也；或许是庄子的"天地与我并生，而万物与我为一"的游心境界；或许是儒家的"极高明而道中庸"……

在陶渊明的诗中，这些思想不是通过复杂的词句表达，而是用平实的语言、自然的景象传递出深远且宁静的哲理。这种表达方式，如同一幅淡雅的水墨画，让人心生共鸣。

陶渊明所著的诗文辞赋多为归隐后作。如同智慧从烦恼中生出，他的诗意，是从失意中涅槃而出。

他的人生并非一帆风顺。陶渊明生于显赫世家，却受尽命运嘲弄，父亲早逝，他成长于家族破落之时。虽生性恬淡，但仍"猛志逸四海，骞翮思远翥"，陶渊明像大部分封建时代的士大夫一样怀着大济苍生的壮志。

"密网裁而鱼骇，宏罗制而鸟惊。"在东晋末这个政治极为黑暗专制的时期，陶渊明多次自愿投身于波涛汹涌的政治斗争。他怀着凌云壮志，试图挽救即将倒塌的国家大厦。尽管面对奔波劳苦和凶险重重，他依然毫无畏惧。然而，他很快发现，当时的官场已如一摊烂泥，充斥着篡权与动乱。刀光剑影，互相倾轧，都只不过是为了个人私利。

陶渊明"治国平天下"的理想过于高远，在这黑暗腐朽的官场中，他的崇尚自然的本性让他难以容身，而他的志向也注定难以实现。最终，他选择退出官场，回归田园，以诗酒自娱，寻找内心的宁静。

陶渊明经历了五次出仕，又五次归隐，他在希望和失望、奋发和苦闷中反复挣扎，直到意识到现实的无力后，才彻底归隐田园。

归隐之后，陶渊明体验到了"久在樊笼里，复得返自然"的解脱和"登东皋以舒啸,临清流而赋诗"的闲适自得。然而,他也不得不面对"箪瓢屡罄,绤绤冬陈"的经济困窘,更时常感慨"日月掷人去,有志不获骋"而度过无数个悲凉的夜晚。《桃花源记》是他对理想社会的美好寄托,他一生都希望能够实现这一梦想。

在田园生活中,陶渊明找到了内心的宁静,但他内心深处的忧虑和期望始终未曾离去。

鲁迅从《咏荆轲》《咏精卫》中看到了陶渊明的这一面,他认为其不仅有平淡自然,也有"金刚怒目"式的作品。鲁迅曾言:"陶潜正因为并非'浑身是"静穆"',所以他伟大。"

精卫衔微木,将以填沧海。

刑天舞干戚,猛志固常在。

同物既无虑,化去不复悔。

徒设在昔心,良辰讵可待。

——《读山海经十三首·其十》

陶渊明在诗中赞叹精卫、刑天的精神,表现出诗人虽死无悔、猛志常在的气概。诗中的"猛志"展现了他年轻时匡时济世的抱负,也流露出他对黑暗现实的痛恨、愤怒。

尽管他仍希望有所作为,但是现实让他不得不归隐。曾祖陶侃是治世之人，陶渊明受过正统的儒家教育，知其不可为而不为，最终选择归隐田园。激流中他曾乘风破浪，泥潭中他无奈归隐，道家思想在他失意时接纳了他。

田园生活治愈了陶渊明，让他将失意化为诗意。"采菊东篱下，悠然见南山"，自然生活带给他精神上的自由。陶渊明在平静的外表下有一颗坚韧的心。如果没有这颗心，他不会在努力未果后选择出世。他拒绝再度入仕，选择归于平凡，躬耕田垄，欣然自在，显示出他已经与自己和世界彻底和解。

他内心强大，忍饥挨冻却不接受官场的馈赠，诗中的平淡是千锤百炼后的智慧。陶渊明无力改变社会的危机，只能独善其身。但他不与世俗同流合污，辛勤躬耕于庐山之下，干净、淡然地度过一生。这独特的一生，或许已是他赠与世人的一剂济世良药。

这是一段从失意到诗意的生命旅程，值得所有人品读、体悟。

第一章

陶孟之后，士族之裔

晋安帝义熙元年（405年）东晋王朝已近尾声。陶渊明不愿再屈从于权贵，递交了最后的辞呈，解下印绶，登上了一叶小舟。他的衣袖在微风中飘动，他心中默念："归去来兮，田园将芜胡不归？"他毅然决然地回归山水田园，从此告别官场，过上了"采菊东篱下，悠然见南山"的生活……

曾祖荣光

一

在那个偏远的庐江郡，四季绿树成荫，溪水长流不断，天空始终澄澈明净。陶渊明的曾祖陶侃便来自这样一个地方。这里的人们尽管被轻视为野蛮的溪族，但正是这种古朴纯粹的环境，赋予了他们无穷的力量和快乐。他们远离政治斗争的纷扰，守护着原始的生命力，因此溪族人有着无比坚韧的品性。

溪族少年陶侃之所以能在后来成为军功赫赫的勇士，也许正是因为这宽松自然的环境给予了他足够的成长空间。他的天赋来自曾在三国孙吴时任扬武将军的父亲——陶丹。

吴国灭亡后，陶丹为家族打下的基业化为乌有。原以为这个不幸的家族将就此没落，然而，陶丹带着一家老小从鄱阳郡搬迁至庐江郡隐居，这成了家族重新开始的起点。

陶侃虽然家境贫寒，但是他不像那些目不识丁的村夫，甘愿过着平庸琐碎的生活。他的父亲遗留的那些关于丰功伟绩、出师伐国的梦想始终激励着他。父亲陶丹去世后，他和母亲湛氏都在奋力振兴家族的事业。

根据史书记载，有一天，同郡的孝廉范逵来陶侃家借宿。当时正是冰天雪地，陶家一无所有。为了招待范逵，陶侃的母亲湛氏不得不剪掉自己的头发换来大米，又砍下房屋的柱子当柴烧，还割断草席喂马。到了傍晚，她终于端上了精美的菜肴，范逵及他的仆从都得到了很好的照顾。

对一介寒素之士而言，求得一个出人头地的机会实在不易。陶侃素日以士族的要求塑造自己，这一次终于在范逵面前展露了自己的辩才，赢得了范逵的赏识。次日，陶侃依依不舍地将范逵送至百里之外，仍不愿归去。直到范逵承诺，到了京都洛阳，一定为他美言，陶侃才松了一口气。

陶氏母子几乎将全部的希望都寄托在这次来之不易的机遇上，正是他们的执着与真诚深深地打动了范逵。范逵果然不负所托，在朝中替陶侃美言，最终陶侃得以进入仕途，开始了他传奇的一生。

陶侃的一生充满了传奇色彩。陶侃年轻时有着极高的抱负和才能，但由于家境贫寒，起初并未引起注意。然而，他从未放弃追求自己的梦想。经过多年努力，陶侃在军政界逐渐崭露头角，最终成了一位重要的军事人物。

陶侃的一生可谓跌宕起伏，他历经无数次战斗与政治斗争，最终凭借自己的智慧和勇气，赢得了无数荣誉。他不仅为家族赢得了尊重，也为后代树立了榜样。陶侃深深影响了他的后代，其中最具代表性的一员便是陶渊明。

陶渊明出生在一个拥有显赫历史的家族中，他从小就受到了陶侃精神的熏陶。他在诗文中多次提到曾祖的事迹，表达了对曾祖的敬仰和怀念。这种家族传承的精神力量，成为陶渊明后来弃官归隐、追求田园生活的重要动力。

陶渊明与陶侃虽然生活在不同的时代，但是两人的精神有着深刻的共鸣。陶侃的坚韧与勇气，陶渊明的淡泊与超脱，都是陶氏家族精神的体现。正是这种家族精神使得陶渊明能够在官场与田园之间找到自己的位置，过上了"采菊东篱下，悠然见南山"的生活。

二

在那漫长的人生旅途中，陶侃的故事如同一盏明灯，照亮了陶渊明的心路历程。初出茅庐的陶侃，最开始从范逵那里求得的官职只不过是庐江太守张夔手下的一个小小督邮，兼任枞阳县令。然而，他才华横溢，他在冰天雪地里为张夔生病的妻子赴几百里之外求医一事更是广受赞誉。

陶侃，这位被误嘲为"溪狗"的士人，用实际行动诠释了士人的美德与担当。他的才华与品德，如同璀璨星光，穿透了世俗的偏见，赢得了人们的尊敬。正是这份坚持与努力，让他在西晋名将刘弘的赏识下，迎来了人生的第二次转机。

西晋末年，张昌攻下江夏郡。刘弘受命为南蛮校尉、荆州刺史，他任命刚刚在"八王之乱"中展现出军事才华的陶侃为南蛮校尉长史，领大都护，开赴襄阳，讨伐张昌。陶侃不负众望，斩敌数万，大败张昌，被封为东乡侯，食邑一千户。

此后数年，陶侃又多次出征讨伐，均获全胜。在战争中取得一次又一次的胜利，这让陶侃几乎走向了权力的巅峰，成为东晋时期屈指可数的枭雄。

太宁三年（325年），陶侃被任命为征西大将军，都督荆、雍、湘、梁四州军事，封为领护南蛮校尉、荆州刺史，后来又封太尉、长沙郡公，并加授都督交州、广州、宁州等七州军事。陶渊明在他的《命子》里写道："在我中晋，业融长沙，桓桓长沙，伊勋伊德。"曾祖陶侃的战绩和功勋不仅名震四海，也令陶渊明倍感荣耀。

少年时期的陶渊明也曾写下"猛志逸四海，骞翮思远翥"的诗句，表达了他对建功立业的渴望。曾祖耀眼的功勋是令人难以企及的，像他那样驰骋沙场，建功立业，一生痛快淋漓，真叫人大呼过瘾。然而，有多少人的一生能像这般气势壮阔、激情豪迈？人生更可能面临的是时运不济、命途多舛，空有满腹才情却没有施展之地。才华如同暗夜里的明珠，虽熠熠闪光，却无法普照天下。

"天子畴我，专征南国"这一句或许最能体现陶渊明内心的渴望与无奈。正所谓"千里马常有，而伯乐不常有"。古今中外有多少失意之士都在哀叹自己生不逢时，陶渊明也是其中之一。他在41岁之后，选择彻底与官场决绝，这正是无奈之举。

对于陶渊明而言，曾祖的辉煌不仅是他心中的丰碑，更成为他人生选择的重要参照。

在陶渊明看来，或许人生的意义并不在于拥有巅峰的权力与无尽的荣耀，而在于内心的平静与自由。他选择了一条与众不同的道路，用笔墨书写自己的人生，留下了无数脍炙人口的诗文辞赋，成了后世敬仰的文学巨匠。而他与曾祖陶侃之间的精神传承，也如同一条流淌不息的河流，激励着后人不断前行。

三

没有伯乐赏识的千里马不过是庸人眼里的笑话。多少人因为盛唐诗人李白被赐金放还，而嘲笑他当初写下"仰天大笑出门去，我辈岂是蓬蒿人"这样的狂妄诗句；又有多少人像苏东坡一样，因才华横溢反而遭受苦难。

或许，陶渊明从他的曾祖陶侃身上获得的启示，并不仅是如何取得世俗的成功。他所景仰的也不仅是曾祖的丰功伟绩，而是《命子》里紧接着的后几句："功遂辞归，临宠不忒。孰谓斯心，而近可得。肃矣我祖，慎终如始。"陶渊明更看重的是曾祖那种乘势而起、功成身退的智慧。

在梳理家族历史的过程中，陶渊明发现，一个家族的命运会随着时代的波动而起伏，而人在其中所能做的便是懂得"用舍行藏"的道理。陶侃一生战功赫赫，最终平定了苏峻之乱，保住了东晋王室的地位，然而他还是遭到了来自士族们的轻视与排挤。

曾经，陶侃与羊晫同车去拜访东吴名士领袖顾荣，被吏部郎温峤看到后讽刺羊晫："奈何与小人同载？"甚至在古稀之年，陶侃还被温峤称作"溪狗"，这仅仅因为他是寒素出身。

晋代门第之见极深，像陶侃这样没有家世背景的人物，在名士眼里不过是草莽英雄。他以县吏身份步入仕途，以军功居于高位，这种实干作风让高高在上的士族们感受到了威胁。一方面，他们无力抵抗晋王朝江河日下的命运，需要借助陶侃维持自己的势力；另一方面，他们瞧不上身体力行的陶侃。

咸和七年（332年），陶侃病重，辞去了官职，在两年后去世。他生前的功勋随着他的去世一起陨落，只记载在几张薄薄的纸页上。陶侃去世后，由于庾亮等门阀士族的打压，陶氏家族很快就衰落了。不过，陶侃给家族带来的最大影响并不是政治地位，而是宝贵的精神财富。

"先师遗训，余岂云坠？四十无闻，斯不足畏。脂我名车，策我名骥，千里虽遥，孰敢不至。"孔子说过的话深深影响了陶侃之后的陶家。陶家形成了一种自强不息、反对浮华游惰的家风，这在陶渊明的心中埋下了美好的种子。

外祖遗风

也许曾祖父陶侃激发了陶渊明"猛志逸四海"的抱负，驱使他走上仕途。而陶渊明骨子里的"性本爱丘山"则是承袭了外祖父孟嘉的遗风。

陶渊明的外祖父是历史上非常有名的孟宗的后代，孟宗在三国时代官至吴国大司空，以孝行闻名于世。历史上流传的二十四孝故事中的"孟宗哭竹"的故事讲的就是孟嘉的曾祖父孟宗。据说孟宗的母亲有一回在冬季生病时想吃鲜笋，因竹笋尚未长成孟宗无计可施而进入竹林哭泣，结果竹林中奇迹般地冒出了新竹笋。

> 晋孟宗，少丧父。母老，病笃，冬日思笋煮羹食。宗无计可得，乃往竹林中，抱竹而泣。孝感天地，须臾，地

裂，出笋数茎，持归作羹奉母。食毕，病愈。

孟氏和陶氏是两代姻亲。孟嘉娶了陶侃的第十个女儿，也就是说，陶渊明的外祖母也即是他的姑祖母。孟嘉的第四个女儿孟氏又嫁给了陶渊明的父亲陶逸。孟氏和陶逸如同《红楼梦》里的林黛玉和贾宝玉，是表亲关系。陶孟两族都是东吴旧臣的后人，但是论门第望族，孟氏比陶氏要高得多。只是在两晋离乱之际，陶侃凭借军功崛起，成为重臣，而孟嘉之父早亡，可谓门衰祚薄。孟嘉娶陶侃女儿为妻，在政治上算是高攀，在门第上算是低就。

陶渊明在《晋故征西大将军长史孟府君传》中这样描述自己的外祖父：

> 君少失父，奉母二弟居。娶大司马长沙桓公陶侃第十女，闺门孝友，人无能间，乡里称之。冲默有远量，弱冠、俦类咸敬之。同郡郭逊，以清操知名，时在君右，常叹君温雅平旷，自以为不及。逊从弟立，亦有才志，与君同时齐誉，每推服焉。由是名冠州里，声流京邑。

孟嘉少年丧父，奉养母亲，与二弟同住，并娶了大司马、长沙桓公陶侃的第十个女儿为妻。孟嘉孝敬长辈，爱护手足，无人可以离间他与族人的关系，因此在当地有很好的口碑。孟嘉性情淡泊，语言不多，为人持重，很有容人的雅量。20岁时，已是同辈人的楷模，受人尊敬。同郡的郭逊也是一个节操高尚的人，名声在孟嘉之上。郭逊经常赞叹孟嘉德行高尚、温文尔雅、平易近人，认为自己远不及他。因此，孟嘉声名远播，不仅在当地广为人知，甚至声誉传播到了京城。

君色和而正，温甚重之。九月九日，温游龙山，参佐毕集，四弟二甥咸在坐。时佐吏并著戎服，有风吹君帽坠落，温目左右及宾客勿言，以观其举止。君初不自觉，良久如厕。温命取以还之。廷尉太原孙盛为咨议参军，时在坐，温命纸笔，令嘲之。文成示温，温以著坐处。君归，见嘲笑而请笔作答，了不容思。文辞超卓，四座叹之。

——《晋故征西大将军长史孟府君传》

征西将军桓温听闻孟嘉的德行，非常欣赏他，任命他为参军。有一年重阳节，桓温带亲眷部属登龙山赏菊，饮酒赋诗。众人都穿戴整齐，举杯推盏，不料一阵风吹过，孟嘉的官帽被吹落在地，而他自己却浑然不知。周围的同僚想提醒孟嘉，桓温则用眼神示意大家不要出声，看他如何处理。

过了许久，孟嘉仍未发现官帽掉落，起身去上厕所。桓温便命人将帽子捡起来，还叫人写了篇文章来取笑孟嘉。等孟嘉回到座位后，看到戏谑的文字，于是请求纸笔作答。只见他接过纸笔，毫不迟疑地一挥而就，洋洋洒洒的文章便跃然纸上。众人相继传看，其文辞优美，才思敏捷，惊艳四座，一时传为佳话，后来更成了诗文中经常出现的典故。

李白写："九日龙山饮，黄花笑逐臣。醉看风落帽，舞爱月留人。"辛弃疾感叹："谁与老兵供一笑，落帽参军华发。"苏轼做了淡然的总结："岁岁登高，年年落帽，物华依旧。"都饱含了对孟嘉名士风度的致敬。

这就是"龙山落帽"的故事。帽子被风吹落而未察觉，或许是因为孟嘉没有注意到，也可能是他意识到了自己的失态却毫不在意，展现了魏晋时期士人的独特风度。无论是哪种情况，都能感受到孟嘉心无杂念、潇洒儒雅的名士风范。同时，他卓越的才思也彰显了其高超的文学素养。

奉使京师，除尚书删定郎，不拜。孝宗穆皇帝闻其名，赐见东堂，君辞以脚疾，不任拜起，诏使人扶入。

——《晋故征西大将军长史孟府君传》

孟嘉奉命前往京城，朝廷任命他为尚书删定郎，但他没有接受这个职位。晋穆帝司马聃听闻他的名声后，决定在东堂亲自召见他。然而，孟嘉却以脚疾为由推辞不去。如此殊荣，孟嘉竟然拒绝，令人钦佩。后来，皇帝下诏命人搀扶着孟嘉进朝，这也显示了孟嘉在朝中的影响力。次年，孟嘉辞去了重要官职，远离政治纷争，回到家乡，悠闲地担任起阳新县令，终于有了闲暇时间来做自己喜欢的事情。

在朝隤然，仗正顺而已。门无杂宾，尝会神情独得，便超然命驾，径之龙山，顾景酣宴，造夕乃归。

——《晋故征西大将军长史孟府君传》

孟嘉在州府为人谦和，完全依靠自己正直的品性和与人为善的态度待人接物。家中没有闲杂之人往来。每当他读书时心有所感，便驾车前往龙山，置身于大自然中，迎风饮酒，自得其乐，畅快淋漓。直到夕阳西下，他才恋恋不舍地返回家中。

二

孟嘉行事从不敷衍了事，言谈中从不自我吹嘘，喜怒不形于色。他喜欢畅快饮酒，即使饮酒过量也能保持言行不乱。当他放任情怀、得趣之时，便寄心于外物，恬然自适，旁若无人。

陶渊明喝酒也是如此，即使喝多了也依然清醒。《连雨独饮》这首诗正是陶渊明在酒醉中所作的。诗中的"任怀得意，融然远寄"正是"试酌百情远，重觞忽忘天。天岂去此哉，任真无所先"的体现。两人都通过饮酒达到忘物忘我的境界。

孟嘉和桓温曾有过一段精彩的对话，这就是孟嘉有名的渐进自然论。

> 温尝问君："酒有何好，而卿嗜之？"君笑而答曰："明公但不得酒中趣尔。"又问听妓，丝不如竹，竹不如肉，答曰："渐近自然。"
>
> ——《晋故征西大将军长史孟府君传》

桓温问孟嘉："酒有什么好处，引得你如此沉醉？"孟嘉笑着答道："明公您只是还没有品味到酒中的意趣罢了。"桓温又问起关于歌妓弹唱的事情，说为什么弦乐听起来不如管乐，管乐又不如人歌呢？孟嘉回答说："那是因为逐渐接近自然的缘故。"

孟嘉认为人的歌唱远胜于管弦，这正是因为它渐进自然。在孟嘉的心里，天籁才是自然。

庄子在《齐物论》中曾论及"人籁、地籁、天籁"。气在人工的乐器中运行发声，称为人籁。人籁总是在表达某种情感，具有叙事和抒情的作用，听久了难免有压力。气在大自然的孔窍中运行，就是地籁。那是大自然的声音，不表达任何含义，因此不会干扰人的情绪。气本身的运作不假借外物，因此是天籁。天籁是无声之声，也体现了"天地与我并生，万物与我为一"的精神境界。

也许陶渊明弹无弦琴，就是与外祖父孟嘉的审美意趣一脉相承，他同样追求自然之境。酒酣之时，进入忘我之境，即便是抚摸无弦之琴，也可聆听天籁。

在传记的最后，陶渊明评价孟嘉："君清蹈衡门，则令闻孔昭，振缨公朝，则德音允集。"孟嘉以高洁的情操隐居柴门之时，美名远扬；出仕为官，则有口皆碑。隐则隐，仕则仕。

陶渊明单为孟嘉作传，足见外祖父在他心目中的重要地位。魏晋间，名士有清浊两流，清者任自然而不违名教，以玄冲雅量、含弘广大取胜；浊者越名教而任自然，以虚无放诞立异。孟嘉无疑属于清流一派。对外祖父的崇拜也表明了陶渊明向魏晋风流的致敬和礼赞，魏晋风流也在他的内心留下了深深的烙印。

孟嘉好酒，深谙酒中之趣，陶渊明亦是如此。渐近自然，是孟嘉追求的境界，也是陶渊明追求的境界。

生于柴桑

一

自陶渊明的曾祖陶侃去世后，陶氏一族迁至浔阳郡的柴桑县居住。柴桑县地处庐山南麓，近山临水，风景秀丽，气候宜人。历史上，柴桑有着重要的军事战略地位，是兵家必争之地。春秋时期，柴桑是楚国东线的重镇，紧邻吴国地界，号称"吴头楚尾"。

三国时，曹操占荆州后，诸葛亮星夜渡江，赶赴柴桑见孙权。周瑜死后，诸葛亮不顾危险，亲临柴桑吊唁。孙权割据江东，柴桑靠近刘表控制的荆州，一旦失守，孙权的"江东六郡八十一州"便岌岌可危。

东晋时期的柴桑依然是重要的军事重镇，但由于战乱频繁，这里的生活并不平静。陶氏家族之所以迁居于此，可能是因为陶侃曾在江州担任过刺史，而江州的省会正是柴桑。陶渊明出生在柴桑，他的母亲是东晋名士孟嘉的第四个女儿，父亲是陶逸，祖父是陶侃的儿子陶茂。陶茂曾任武昌太守，而陶逸则赋闲在家，并无官职。

陶渊明恬淡的性格与其父陶逸有几分相像。关于他的父亲，史料记载有限，我们只能从陶渊明的《命子》中了解到，陶逸是一个"淡焉虚止""冥兹愠喜"的人物。陶渊明非常欣赏父亲的这种风度。

在那样一个战乱频发的年代，陶渊明的父亲能够保持这种镇定自若的姿态，已是非同寻常。魏晋时期的士人所追求的这种人生态度，无疑是对黑暗时代的一种反抗。越是混乱的社会，越是需要处变不惊。这是一种高明的处世哲学，也显现出知识分子高雅的气质。

虽然陶逸没有留下像他的岳父孟嘉"龙山落帽"那样风雅的趣事，但他的志趣应该与孟嘉相投。时光荏苒，转眼已有数十年了，在陶逸看来，父辈们搬迁至此的情景仍历历在目。他时常在园中踱步，抬头仰望遮风挡雨的屋檐；时常站在山坡上沐风远眺，看着落日余晖，任无限美好的回忆涌上心头。在一个地方待久了，便慢慢习惯了那里的生活，仿佛一草一木、一砖一瓦，都留有自己的印记。陶逸甘愿生活在这样的地方，过着宁静的日子。

陶渊明从小在柴桑长大，这里的山水风光深深影响了他。他在诗中写道："怅恨独策还，崎岖历榛曲。山涧清且浅，适以濯吾足。"他的诗句流露出对自然的热爱和对世俗生活的淡然态度，这与他在柴桑的生活环境密不可分。

柴桑的宁静与美丽培养了陶渊明的恬淡品格，使他在动荡的时代中依旧能够保持心灵的纯净。在这里，他学会了用诗歌表达内心的情感，用笔墨记录生活的点滴。尽管家族的荣耀如过眼烟云般消散了，但陶渊明从未放弃对美好生活的追求，他希望通过自己的努力，留下属于自己的精神财富。

陶渊明的父亲陶逸虽然未曾显赫一时，但他的生活态度和价值观深深影响了陶渊明，这种传承更是一种精神的延续。这种精神力量穿越了时空的界限，一代代地影响着后来的文人墨客。

二

晋哀帝兴宁三年（365年），陶逸和名士孟嘉的女儿喜得一子，取名"渊明"。陶渊明出生时，朝廷逐渐衰微，而陶氏家族也难以再现陶侃那样的英雄人物。陶逸的父亲陶茂尚且能够任南昌太守，惠及一方百姓，但陶逸自己只能"寄迹风云"。

陶逸内心十分清楚，这样的家族衰败可能还会继续。他看到了东晋这个王朝的命运，也清醒地认识到家族在这个时代的艰难处境。他希望儿子能够在水深火热的社会中绽放出生命的光辉。"渊明"这个名字，不仅寄托了陶逸对儿子的期望，也蕴含了道家经典中"知白守黑"的深远哲理。

后来，我们从陶渊明的一生中看到，他的所作所为正如父亲所期盼的那样，身体力行地实践着"知白守黑"这一理想道德。因此，他能够在穷通、荣辱、贫富、显隐，以及生死、醒醉、古今、言意之间，保持身心和谐，意态从容。

陶渊明的大部分时光都是在柴桑度过的，在这个他生于斯、长于斯的地方，留下了许多脍炙人口的文章。柴桑的山水滋润了他的心灵，养成了他淡泊名利的性情，而他也为这座小城增添了无尽的文化意味。

柴桑是陶渊明的故里，因此吸引了许多人慕名前来。唐代的白居易，这位被贬为江州司马的落魄诗人，就曾在贬谪期间寻访过陶渊明的旧宅，并写下《访陶公旧宅》一诗：

我生君之后，相去五百年。每读五柳传，目想心拳拳。昔常咏遗风，著为十六篇。今来访故宅，森若君在前。不慕樽有酒，不慕琴无弦。慕君遗荣利，老死此丘园。柴桑古村落，栗里旧山川。不见篱下菊，但余墟中烟。子孙虽无闻，族氏犹未迁。每逢姓陶人，使我心依然。

这些文字透出了白居易对陶渊明的敬仰，也道出了柴桑在后人心目中的重要地位。虽然岁月流逝，柴桑的风貌已有所改变，但陶渊明在这里生活过的痕迹依然清晰可见。

柴桑的宁静与美丽赋予了陶渊明内心的宁静与安定。这里的一切都深深影响了他的思想和理念。他在《归园田居》里写道："种豆南山下，草盛豆苗稀。晨兴理荒秽，带月荷锄归。"诗句中流露出的淡泊与宁静，正是柴桑山水对他心灵的滋养。

三

乱世不仅催生英雄，也孕育文艺天才。东晋可以称得上是"中国的文艺复兴时代"，在玄学和佛教思想的熏陶下，文学、绘画、音乐和书法领域普遍呈现出超越尘俗与功利的状态。

陶渊明出生时，大书法家王羲之、大画家顾恺之、雕塑家戴逵都还健在。尽管大诗人郭璞已去世多年，但玄言诗人孙绰、许询，以及咏史诗人袁宏仍然活跃于世。后来，又涌现了谢灵运、鲍照等著名的山水田园派诗人。

在政治前途上，陶渊明的生活或许显得苦闷而黯淡。然而，在文艺领域，他并不孤单。那是一个属于文艺创作的黄金时代，是一个诗人们纵情抒怀的时代，一个艺术创作达到高度自觉性的时代。

陶渊明在这个幽暗的社会中找到了那束生命的光——诗歌。我始终坚信，今生与你心心相印，让你深深迷恋的事物，必是与你结下不解之缘的存在。

有人喜爱花草树木，因此常常流连于山水田园之间；有人钟情于诗酒琴茶，在简陋的房间里也能享受无穷乐趣。在这纷繁喧嚣的世界里，如果心中有某种追求或寄托，内心便不会荒芜。

正因为生于乱世，苦难成了这些诗人最好的导师，诗歌则成了他们的心灵寄托。生性高洁的诗人们，自愿放弃世俗的功名利禄，在文艺上开辟出一条新的道路。

陶渊明是东晋末期伟大的诗人，他不仅用诗歌照亮了自己的人生，还用诗歌点亮了整个时代。

东晋的文化氛围给予了陶渊明创作的灵感。他的诗歌充满了对自然的热爱之情和对世俗生活的淡泊态度。

陶渊明不仅是东晋末期"文艺复兴"的代表人物之一，也是那个时代士人的精神象征。他的作品不仅反映了个人的内心世界，也折射出那个动荡不安的时代的社会现实。他用诗歌记录了自己的思想与情感，为后人留下了宝贵的文化遗产。

第二章

豪情满怀，少年意气

那是一个内忧外患、满目疮痍的时代，再加上父亲早逝，陶渊明的生活十分艰难。年轻时，他生活贫困，在乱世中颠簸沉浮，过着亦耕亦读的生活。他踏上了一段孤独的旅程，怀抱着一个香草美人的梦想……

孤寂少年

一

　　生老病死、爱恨别离，都是生命的自然现象，世人应当平静从容地面对。如同庄子在妻子去世后击缶而歌，视生死如一。不过，对于普通人来说，死亡依然是件令人痛苦的事，毕竟情深义重，情感难以轻易放下。

　　陶渊明8岁那年，父亲陶逸突然离世，在他的心中留下了淡淡的阴影。或许因为年幼，生离死别的痛苦还不足以让他铭记于心，陶渊明后来并没有在诗中提到父亲的去世，但是父亲去世后，家境明显每况愈下，生活变得愈发艰难。

　　家中只剩下生母、庶母和庶母所生的女儿，再加上年幼的陶渊明一个男丁。彼时，陶渊明还无力支撑起全家的生活重担，幸好当时外祖父孟嘉健在，给予了他们不少接济。尽管如此，陶渊明仍不得不过早地承担起务农的责任，以维持生计。

外祖父孟嘉博学多才、谈吐风雅，对陶渊明产生了深远的影响。在他的启发下，陶渊明渴望通过读书改变自己和家族的命运，希望自己能够成为像外祖父那样受人尊敬的人物。陶渊明也牢记父亲生前的教诲，立志成为一个自食其力的人，通过务农为自己留下一条退路。于是，年幼的陶渊明便开始过上了半耕半读的生活。

那时的陶渊明尚未意识到东晋已经形成了"上品无寒士，下品无士族"的政治格局，通过读书其实是很难改变陶氏家族的命运的。然而，外祖父孟嘉依旧鼓励陶渊明读书，或许他早已看出这个孩子身上非凡的天资。

与母亲、庶母和妹妹共同生活的陶渊明，成了家中的小男子汉，是全家人的希望和依靠。他比同龄的孩子更显成熟，性情也格外淡定。母亲陶孟氏对此感到十分欣慰，常常满怀期望地说，陶渊明的性格极像他的外祖父孟嘉，也像他的父亲陶逸，将来定能成为一代名流。

尽管生活艰辛，陶渊明依然在半耕半读的过程中，逐渐养成了淡泊宁静的性情和独立自强的品格。他在田间劳作时，常常思索人生的意义；在书斋读书时，又沉浸在知识的海洋中。正是在这种充满艰难困苦的环境中，陶渊明逐渐形成了坚韧不拔的意志和超然物外的心态。

正是这一段经历，让陶渊明逐渐磨砺出一种与众不同的气质，这种气质既有外祖父孟嘉的风雅，也有父亲陶逸的坚韧。他在劳作和读书中找到了一种平衡，在困境中看到了希望，这为他日后成为一代名流奠定了坚实的基础。

二

陶渊明早年丧父，这份悲痛如同一颗小小的种子，悄悄地根植于他的心中，时不时地折磨着这个幼小的心灵。他与两位母亲还有年幼的妹妹相互依靠，共同度过了一个又一个风雨飘摇的夜晚。在那个动荡的年代，这个不起眼的乡村小屋成了他们全部的寄托。因此，陶渊明比任何人都更懂得亲情的珍贵，他也深深地爱着眼前仅有的几位亲人。

父亲陶逸去世时，陶渊明仅有8岁，而庶母所生的妹妹只有5岁。妹妹扎着两个小辫子，闪烁着天真无邪的大眼睛，当她看到母亲号啕大哭时，泪水也止不住地从她的眼中涌出。

父亲的去世带给陶家无尽的悲伤，沉重的哀愁弥漫在家里的每一个角落。庶母整日以泪洗面，因为思念陶逸而逐渐染病。生母陶孟氏心疼庶母程氏，经常将她搂在怀中，轻声安慰。

虽然这场变故给自己的家庭带来了巨大的痛苦，但对陶渊明来说，这或许正是他人生磨砺的开始。人们常常认为，像陶渊明这样孤儿寡母的生活实在太过凄凉，然而乐观的人总是心怀希望。书籍成了陶渊明的精神食粮，务农成了他修身养性的最佳途径。

通过辛勤的劳作，陶渊明不再是那个"四体不勤，五谷不分"的少年。尽管他受到了士族文化的熏陶，有着与士族相同的生活习惯和意识，但早年的贫穷和务农经历使他对底层劳动人民有了更多的同情。这种同情心是他的品格和笔下的作品能够超越时代的重要原因。

父亲去世后的第四年，陶渊明12岁时，死亡的阴云再度笼罩在陶家上空。他的庶母常年哀伤抑郁，最终撒手人寰，留下了年仅9岁的妹妹。

父亲和庶母的早亡，让陶渊明过早地体验到人世的无常。从那时起，他或许已经在思考该以何种姿态面对如此多变的人生。相比四年前父亲的去世，庶母的离世给陶渊明带来了更深的打击。因为在这四年的时间里，他逐渐成长为一个有主见的少年，务农让他领悟了"一粥一饭，当思来之不易"，而阅读则令他洞悉人情冷暖。命运之神早早地开启了这位少年的智慧心窍，使他的内心比其他人更加柔软、更加敏感。

在悲痛中成长的陶渊明，在田间和书卷之间让心灵找到了平衡。无论生活多么艰难，他总能在大自然的怀抱中找到安慰，在文字的世界里找到宁静。最终，他的诗文辞赋成为后人心中的一抹温暖，让我们感受到独属于陶渊明的宁静与平和。

三

陶渊明的庶母虽因清贫的生活常年体弱多病，但她对陶渊明关怀备至，把他视如己出。她深知陶渊明是陶家的长子，肩负着家族的希望，而她自己只生了一个女儿，因而常为此感到遗憾，心中愁绪难解。

庶母对女儿的教育十分用心，她教导她尊敬兄长、孝敬长辈。陶渊明的妹妹从小就乖巧懂事，常常帮助陶孟氏做些针线活，深得陶孟氏的喜爱。陶孟氏未有自己亲生的女儿，因此对她呵护备至。

陶逸去世后，两位母亲用爱共同抚养这对兄妹。陶渊明教妹妹识字读书，带她到户外认识大自然。妹妹则学会了做小点心，经常送给田间劳作的陶渊明。年仅相差三岁的兄妹，既是亲人，也是知己。

他们共同经历了生活的风雨，虽然贫困，但彼此依靠。每天，他们早早起床，一同读书，一同干活。在微风轻拂的午后，他们坐在一起谈天说地。暮色降临时，他们牵着手爬到门前的小坡上，仰望夜空中最亮的星星，思念已故的亲人。

在这乱世中，因为血脉相连，他们不再漂泊无依。面对生活的艰辛，他们学会用爱和坚韧迎接一切。

风轻抚少年的鬓角，苦难如莲叶上的露珠，随着岁月的流逝悄然隐去。心灵的美好让这个清贫瘦弱的少年变得顽强而坚韧，如暴雨后依旧茁壮的小草。陶渊明的童年，因为兄妹的彼此关爱而变得温暖，充满了诗情画意。

庶母的离世让陶渊明更加成熟，懂得了生命的无常和亲情的珍贵。面对生活的艰辛，他选择坚强，以书为伴，以田为友。他通过劳作和阅读，逐渐领悟了淡泊明志、知足常乐的人生哲理。这种心态使他在文学创作中，能够以平静而深情的笔触，描绘出动人的田园生活，传达对生命的深刻理解和深切热爱。

这些艰苦的磨炼，让陶渊明的内心变得坚韧，也让他获得了心灵上的成长。他对底层劳动人民的同情贯穿在他的作品中，使得他的作品充满人情味，直抵人心。

少年时期的陶渊明在生活的磨砺中，日渐成熟和智慧，使他成为一个既能体会劳动辛苦，又能洞察世事变迁的诗人。正因如此，他的作品既有田园牧歌的恬淡，又不乏对人生真谛的深刻思考，成为后世文人心中的典范。

琴与诗书

一

完成了劳作，陶渊明便开始读书。

东晋是玄学家的天下，读书风气在知识界似乎不受重视。玄学家不仅鄙视实际工作，也缺乏勤奋努力的态度。他们只专注于研究《老子》《庄子》《周易》和少部分的佛教经典，甚至有些人连《老子》《庄子》都没有认真读过就大谈玄理。

当时不少热衷清谈的人，不过是拾人牙慧。名士领袖王恭曾说："名士不必须奇才，但使常得无事，痛饮酒，熟读《离骚》，便可称名士。"

在这种读书风气式微的大环境下，陶渊明却专心读书，一不为清言玄谈，二不为穷经作注，自称"好读书，不求甚解，每有会意，便欣然忘食"。他一生超越了世俗，所以真正体会到了读书之乐。

少学琴书，偶爱闲静，开卷有得，便欣然忘食。见树木交荫，时鸟变声，亦复欢然有喜。常言五六月中，北窗下卧，遇凉风暂至，自谓是羲皇上人。

——《与子俨等疏》

手捧书卷，若有所得，便欣然忘食，窗外树木交错成荫，飞鸟鸣叫。夏日炎炎时，捧起古书，与古人进行悠远的会晤，凉风习习，便觉身心舒畅。

陶渊明在《饮酒·其十六》中写道："少年罕人事，游好在六经。"他认真研读《诗》《书》《礼》《乐》《易》《春秋》，完成了正统的儒家教育，这是为了他安邦定国的志向。同时，他在读《老子》《庄子》时也感觉到老子、庄子与自己心性的契合。陶渊明对其他一切有趣的书籍也非常感兴趣，涉猎广泛，无所不读。在《读山海经》组诗的第一首中，他向我们展示了阅读此类书籍的感受：

孟夏草木长，绕屋树扶疏。

众鸟欣有托，吾亦爱吾庐。

既耕亦已种，时还读我书。

穷巷隔深辙，颇回故人车。

欢言酌春酒，摘我园中蔬。

微雨从东来，好风与之俱。

泛览周王传，流观山海图。

俯仰终宇宙，不乐复何如？

——《读山海经·其一》

　　初夏时节，草木竞相生长，屋旁的树木枝繁叶茂。好似入冬以来一直未找到好树筑巢的鸟儿终于有了安身之所，欣喜不已，我也对我的草庐充满喜爱。春夏之交的农忙时节已过，从院子望去，田间一片新秧，锦绣连绵。我终于可以安心读书了。虽然身处僻静的村巷，经常使老朋友的车子掉转回去，却正好满足了我远离喧嚣的愿望。采摘园中的蔬菜，品尝春天的米酒，一阵微雨带来丝丝清凉。我翻阅着穆天子的故事，浏览着《山海经》，俯仰之间，神游上古，目观万象，宇宙间的一切奇异事物，我在片刻中即可感知。这种光景，怎能不让我满足和快乐呢？

　　这是陶渊明的暮年之作，但他对书籍的痴迷与少年时无异。陶渊明一生手不释卷，涉猎广泛，无疑是当时最博学的人之一。他善于将书中的道理与自然和生活融会贯通，重在会意，用心去印证古人的智慧，因此他也是古今最会读书的人之一。耕种让身体得到满足，而书籍则是陶渊明的精神食粮，一切自足于内，无须外求。

二

除了读书，陶渊明还热衷于弹古琴。在他的许多诗里，都有关于弹琴的回忆。比如他在《与子俨等疏》中写"少学琴书"；在《始作镇军参军经曲阿作》中写"弱龄寄事外，委怀在琴书"；在《和郭主簿二首》中写"息交游闲业，卧起弄书琴"；在《自祭文》中仍回忆"欣以素牍，和以七弦"。

陶渊明自幼习琴，并且深谙其道。不过，历史上流传最广泛的却是他"无弦琴"的故事。历代文人墨客都津津乐道，视为风雅之举，后世禅宗更是在其中品味出了禅意，将弹无弦之琴的洒脱行为提升到禅宗"直指人心，不立文字"的境界。

《宋书》中记载道："潜不解音律，而蓄素琴一张，无弦，每有酒适，辄抚弄以寄其意。"萧统在《陶渊明传》中直接提出了"无弦琴"这一概念，并称"陶渊明不解音律"。

根据古琴名家郭平的考证，陶渊明是精通古琴的。陶渊明在《拟古九首·其五》中写道：

> 知我故来意，取琴为我弹。
> 上弦惊别鹤，下弦操孤鸾。

郭平从琴学的角度对此诗进行了分析：上弦音距岳山较近，弹奏上弦音时，由于有效震动弦长较短，琴音较为尖利、激越。而下弦音则相反，距龙龈较近，有效震动部分较长，琴音较为低沉、幽深。其中《别鹤》和《孤鸾》是两首琴曲的名称。

陶渊明的这两句诗是对友人弹琴的品评与赏析：友人弹奏古琴技艺高超，在近岳山的高音区表现出别鹤唳鸣的凄厉，而在近龙龈的低音区则奏出失群孤鸾的幽怨低吟。由此可见，陶渊明对古琴的技法以及琴曲的特点非常熟悉。

最终还是陶渊明的千古知音苏东坡最解他的心意，他说："渊明自云'和以七弦'，岂得不知音。当是有琴而弦弊坏，不复更张，但抚弄以寄意，如此为得其真。"

苏东坡认为陶渊明家境贫寒，又需要勤勉劳作，琴弦断了一时无力更修也在情理之中。陶渊明岂是不懂音律？琴弦断了之后，每当有所感触需要抒发时，他便抱着无弦琴抚弄一番，让旋律在内心回荡，至于琴有没有发出声音，他已不在意。

陶渊明的好友颜延之在《陶征士诔》中证实了这一点，说他"陈书缀卷，置酒弦琴"。

古琴并非普通的乐器，唐代的王昌龄曾写道："孤桐秘虚鸣，朴素传幽真。仿佛弦指外，遂见初古人。"古琴是这样一种乐器：弹奏它，聆听它，令人如入山林，如临太古，淡泊宁静，朴素还真，不觉物我两忘，身在世外。这不正是陶渊明诗歌的境界吗？亦是他做人的境界。这一切都与他少年时经受过古琴的熏陶息息相关。

仗剑远游

一

就在陶渊明半耕半读、痴痴求索之时，外面的世界正经历着风云变幻，不时牵动着少年的心。

太和四年（369年）四月，东晋的大司马、权臣桓温就已挥师北上，第三次带兵北伐。五万大军浩浩荡荡地渡过黄河，杀气直逼前燕国都邺城。然而在襄邑之战中，桓温被慕容德和慕容垂夹击，导致东晋三万士兵血流成河，全面惨败。当战败的消息传来时，东晋上下人心惶惶，生怕前燕会与前秦联合攻伐江南。原本衣香鬓影、风光旖旎的江南，几乎在一夜之间就陷入了恐慌。

兵荒马乱的年代里，田园也难得安宁。或许，年少的陶渊明的脑海中曾一次次浮现出曾祖陶侃戎马一生、平定天下的豪杰形象，一脉相承的爱国热情也屡次被国耻激发。这场给东晋带来切肤之痛的血战，使他更加发奋读书。"猛志逸四海，骞翮思远翥。"面对着哀鸿遍野、满目疮痍的东晋，长大后年轻的陶渊明立下了济万民于倒悬、扶社稷于危墙的宏愿。

习文、仕宦、忠君、辅国、富民，是中国古代知识分子体现自我价值、追求人生成就的必经之路。不过，在准备好步入朝堂之前，每个战乱年代雄心勃发的士子都要先完成一件事情，那就是游历。

> 少时壮且厉，抚剑独行游。
>
> 谁言行游近？张掖至幽州。
>
> 饥食首阳薇，渴饮易水流。
>
> 不见相知人，惟见古时丘。
>
> 路边两高坟，伯牙与庄周。
>
> 此士难再得，吾行欲何求？
>
> ——《拟古·其八》

一壶一剑，白衣纶巾，年轻的陶渊明，经过了多年的进德修业，意气风发地走出了山水田园，开始了人生中的第一次游历。就如后来他在诗中所写的那样，他想要去遥远的张掖和幽州，它们曾经是晋国的故土。这表明了陶渊明的志向，他要以强健的体魄、勇猛的气魄去收复失地，杀敌建功。

陶渊明出发的时候，是高视阔步、信心满满的。可是诗的后半部分，写出了此次游历给他带来的失望和悲愤。

在当时，陶渊明最有可能去的地方，是东晋的国都建康，以及名士汇聚的会稽郡、吴郡等地。可以猜想，当陶渊明来到建康时，见到繁华的国都如同另一个世界，王公贵族在歌舞升平、丝管悠悠的醉生梦死中沉沦，在江南的温香软风中丧失了志气，陶渊明满腔的报国热情与这里格格不入。

已坠至寒门的他登门拜访，士族们看了一眼名帖上的"陶"姓，也许只会想起一个遥远的背影，问一句："从前以捕鱼官入仕的陶侃是你什么人？"

二

陶渊明骨子里的诗人气质注定了他的仕途之路不会像曾祖陶侃那样顺利。他没有陶侃当年那种强烈的进取心——尽管在谒见张华时被几次轻视拒绝，陶侃仍"神无忤色"，最终抓住了机会。

陶侃作为一介寒素之士，一生曲折自励，折节事人，他从小吏做起，一步步抓住机遇，发挥出杰出的治世才能，最终走上人生巅峰。这是崇尚自然、天性纯真的陶渊明无法复制的路径。

他也没有外祖父孟嘉那样显赫的门第与鹤立鸡群的名士

风度。娴静少言、刚直耿介的陶渊明在面对王公贵族的轻视时，很可能会拂袖离去。

现实是残酷的。林下山间，士大夫们或躺或卧，青衣煮酒，虚谈玄理。另一群人则为了"有"和"无"的逻辑争论不休。更有人沉溺丹药，吞食五石散，药性发作时浑身燥热，裸身奔走，陷入癫狂。

此时，所谓的风雅已经荡然无存，真正有才学、有见识的人寥寥无几。他们认为人生苦短，不必过多关注纷乱的时局，应该及时行乐，修仙炼道，颐养天年。

匡扶朝廷，救黎民于水火，似乎只是陶渊明一介寒素之士的愿望。然而，现实的腐朽污浊和东晋王朝的门阀林立、士族霸据，使他获得一个合适的机会变得异常艰难。

"饥食首阳薇，渴饮易水流"说的是他立身行事，事事不苟，宁愿固守穷节，也不屑与那些人同流合污。在仕途中，他没有遇到赏识自己的伯乐，胸中涌动的诗情也无人能够理解。当时的文坛被玄学之风笼罩，清谈比笔墨更受人重视。曲高和寡，像伯牙和庄周这样的高士早已长眠地下。

见此情景，陶渊明如离群的孤鸟，只能飞回他的山水田园。还好，清朗的山峰、澄澈的湖水、淳朴的乡风，接纳了失落的游子。在这里，他感觉到了完全的自由。

香草美人

一

少年的心是躁动不安的，所以他选择了走向远方。从浔阳到建康，再到吴郡、会稽，直至他梦想中的东海之滨，陶渊明一方面是为了谋求官职，另一方面是为了寻找知己。

然而，无论他走到哪里，遇到的都是虚浮懒惰之人，难以找到志同道合的朋友。原来，远方并没有他期望的那样美好。

于是，陶渊明归来了。

或许是为了不让别人知道他在外经历的种种困苦，不愿再回忆那些让他忧伤的游宦生涯，所以他对这段经历只字未提，我们也无从考证。

不过，我们可以猜想，在那些年漂泊异乡的生活中，他的内心应当是孤独的，这种孤独促使他的灵魂急需一个安放之处。对于一个年轻人来说，生活中不仅有事业理想的困惑，还有爱情失意的痛苦。

于是，在万物复苏、春意萌动的季节，陶渊明因一次邂逅陷入了一场香草美人的梦……

陶渊明曾经写过一篇涉及爱情的作品，名为《闲情赋》。

有些学者推测，这篇作品是他三十岁辞官归隐时所作的，受到了屈原在《离骚》中大量运用"香草美人"的意象抒发志向的启发。在这篇作品中，陶渊明对女子的描绘实际上是他人格理想和志趣的象征。

另一些人则认为，《闲情赋》应当创作于陶渊明19岁时，作品中的女子确有其人。当时，刚刚懂得爱情滋味的陶渊明，遇见了这样一个她，虽然只是一面之缘，但这位女子的容貌和神态深深地铭刻在了他的记忆中。

陶渊明在赋中写道：

欲自往以结誓，惧冒礼之为愆，待凤鸟以致辞，恐他人之我先。意惶惑而靡宁，魂须臾而九迁。

那是怎样的一位女子呀！她既有冰清玉洁的气质，亦有深谷幽兰的芬芳，情怀超凡脱俗，志趣高入烟云。陶渊明多想亲自上前与她结下海誓山盟，却又顾虑唐突之举会惊扰到她，有心托青鸟为自己传递信笺，又怕路途遥远，他人捷足先登。心中如此惶惑，一瞬间神魂已百转千回。

悲哀的是，阳光才照，倏忽又是夜晚，人生充满了烦恼。短短一世，何必少乐而多愁？她在大红帏帐中端坐，纤纤玉指轻拨古琴，琴上的佳音使人欢欣，而她雪白的手腕上下舞动，令人心醉神迷，秋波如一池春水，顾盼生姿。

> 夫何瑰逸之令姿，独旷世以秀群；表倾城之艳色，期有德于传闻。佩鸣玉以比洁，齐幽兰以争芬；淡柔情于俗内，负雅志于高云。悲晨曦之易夕，感人生之长勤。同一尽于百年，何欢寡而愁殷！褒朱帏而正坐，泛清瑟以自欣。送纤指之余好，攘皓袖之缤纷。瞬美目以流眄，含言笑而不分。
>
> ——《闲情赋》节选

二

这样的女子显然不是19岁前在乡间所能见到的那种邻家女孩，更像是京城里的大家闺秀。她姿容出众，举止优雅；品德高尚，冰清玉洁；精通音律，擅长弹奏古琴。

陶渊明深深倾慕这位女子，她所展现的气质与陶渊明的心志和情怀高度契合，陶渊明仿佛在俗世中找到了另一个孤独的自己。他被女子的琴声感动，也被她的一颦一笑、一举一动深深吸引。

> 曲调将半，景落西轩。悲商叩林，白云依山。仰睇天路，俯促鸣弦。神仪妩媚，举止详妍。激清音以感余，愿接膝以交言。
>
> ——《闲情赋》节选

曲奏过半之时，红日缓缓移向西窗，即将沉没。带着悲伤的商宫乐声在林中缭绕不绝，云气在山间氤氲飘浮。她时而凝望着天空，时而又低头拨弄琴弦，弹奏出急促的乐声。她举止柔美，神态安详。那清越的琴声令陶渊明怦然心动，渴望与她促膝长谈。

陶渊明在一棵挂满露珠的木兰树旁稍作休息，又在苍翠的青松下感受荫凉。他坐在那里，期待着女子的出现，即使只能偷偷再看她一眼也好。然而，夕阳渐渐西沉，女子的身影已不见了踪影。陶渊明的爱情落空了，只能失望地离开。

晚风吹动树叶，他的内心充满了凄凉，路边的景色也沾染上了伤感的色彩。那一年，陶渊明遇到了他此生中第一次让他心动的女子，这成了他深藏心底的秘密。

那一天，他特意前往南林，只为见到那个让他惊鸿一瞥、朝思暮想的女子。然而，她并没有出现，日落西山，爱情也随之落幕。他错过了最后一次相见的机会，也永远失去了理想中的爱情。

"悼当年之晚暮，恨兹岁之欲殚。"初尝爱情的苦涩，常常让人充满遗憾和不甘。在无数个辗转反侧的夜晚，相思的痛苦不断折磨着他。

"思宵梦以从之，神飘飘而不安。若凭舟之失棹，譬缘崖而无攀。"失恋的陶渊明孤独而痛苦地独行于漫漫长夜，为了不被黑夜彻底吞噬，他披上衣服起床等待黎明。

然而，夜尚未尽，北风凛冽，门前石阶上铺满了寒霜，远处传来凄凉的笛声。他仍无法停止对这段爱情的痴想，苦熬到天明，心中满是荒凉。

对于出身寒门的陶渊明来说，追求他暗恋的女子无疑是不可能实现的一件事。那女子家世显赫，声望极高，而在那个门第观念根深蒂固的时代，即使这位女子完全契合陶渊明的审美，与他心心相印，趣味相投，对他来说也只能是遥不可及的一场梦。

三

这段无果的爱情注定是悲伤的。第一次离开家乡，陶渊明遇见了爱情，却也失去了爱情。远方，不再是他想象中的那般充满诱惑。他怀揣着一份寂寞的心情，从远方归来。

关于爱情的作品，陶渊明终生只写了这一篇。他极尽夸饰之能事，把美人倾国倾城的外貌、高洁如兰的品德铺陈得淋漓尽致，我们仿佛看到一个纯真腼腆的少年小心翼翼地看着仪态万方的佳人，欲上前促膝而谈又不敢的憨态。陶渊明对美人的思念在内心百转千回，情思邈邈，而无半点亵渎之心。尚未表白，却先害怕失去，真是痴心感人。

陶渊明的抒情大胆直率，热烈而浪漫，清新而纯净，继承了《诗经》的风采。

最引人注目的是，陶渊明在《闲情赋》中展现的炙热情感、无畏追求以及生动的比喻和象征的描绘，超越了汉晋以来所有同类题材的赋作。这种成就得到了"如奇峰突起，秀出天外，辞采华茂，超越前哲"的高度评价，主要原因在于他深受《离骚》的浪漫主义表现手法的影响。

虽然陶渊明的身世和境遇与屈原有所不同，但二者都经历了"怀才不遇"的困顿，同时都具备不愿与世俗同流合污的性格。这种内在的共鸣，使他们的作品在精神内涵上有着相似之处。

屈原的《离骚》被誉为虚构象征的杰作，而陶渊明则通过类似的浪漫主义手法，赋予了《闲情赋》独特的艺术魅力。

《闲情赋》中的"悲晨曦之易夕，感人生之长勤"，很容易让人联想起《离骚》的"惟天地之无穷，哀人生之长勤"。《闲情赋》中有"悼当年之晚暮"，《离骚》中有"恐美人之迟暮"……相似的句意，抒发的情感不尽相同。

也有学者认为陶渊明的《闲情赋》继承了《楚辞》中"香草美人"意象的传统写法，即以香草比喻臣子的高洁和忠诚，以美人比喻良君，用对美人的追慕表达渴望得遇明君赏识的政治理想。

《闲情赋》中可能含有此用意，但现实是十分残酷的，十次短暂的梦幻已然揭示了陶渊明政治理想的破灭。但从大篇幅热烈奔放的情思中，的确也能够读出陶渊明对美好、纯真的爱情的渴望，我们愿意相信，这是一首写给理想伴侣的情书。

在一个清朗的早晨，临流赋诗的陶渊明邂逅了白衣飘飘的美人，她袅袅婷婷，仙姿卓然，是天地间的惊鸿一瞥。他驻足，她回眸，巧笑嫣然，从此再也无法令他忘怀……

五柳先生

一

　　人们踏上远行的旅程，或为了追求美好的前程，或为了寻觅心中的理想圣地，犹如牧羊少年寻找他的宝藏。然而，对于年轻人来说，远行的意义远不止如此。

　　从远方归来，无论是否衣锦还乡，陶渊明都已褪去了青涩，收获了丰富的人生经历。他或许落魄，但眼中多了许多故事，脸上增添了些许风霜，心中也更加沉稳。远游的魅力，正在于此。只有见识过远方的山川湖海，方能守住眼前的质朴岁月。

　　在那短短的几载光阴中，远游的陶渊明发现，自己苦苦寻找的精神家园并不遥远，它就在故乡的每一寸土地上：是笔直道路边高耸的杨树，是溪水边坚硬的顽石，是寒来暑往永远不忘归巢的鸟儿……

精神的家园呼唤着游子，召唤他回到心灵的起点。远游归来的陶渊明，回到了熟悉的耕读生活。他不再将功名看得那么重要，若能选择，他宁愿一辈子待在这个与世无争的山村，做一个自在逍遥的隐士。

陶渊明愿意把自己活成门前的一株草或一棵树，沉默不语但心向光明。卸去沉重的负担，他仿佛重新找回了那颗少年之心，他变得洒脱而自足。坐在窗前，陶渊明像往常一样观赏着窗外的风景，守望着四季的轮回。

一年之中，最让他欣喜的时光，是在北窗之下，当读书倦了的时候，抬眼一望就能看到门前柳树发出的第一抹新绿。那时，他的心也被这抹绿色点亮。经过整个冬天的寒冷，这抹绿色终于在春天装点了陶渊明的窗，绿意盎然，充满诗意。

陶渊明视柳树为知己，因此为自己取了一个雅号——五柳先生，并为自己写了《五柳先生传》。自传开篇第一句便写道："先生不知何许人也，亦不详其姓字。宅边有五柳树，因以为号焉。"

在那个十分讲究门第的晋代，他刻意与这种风气背道而驰，仅因宅旁有五棵柳树，便随意给自己取了"五柳先生"这样的字号。他说他并不知道这位"五柳先生"的出身和籍贯，也不知道他的姓字，以此表明他是一位隐士。

少了虚名浮利的困扰，陶渊明为自己的恬淡安然的隐居生活感到自得。

严格来说，陶渊明并非一般寒门子弟，只是相比于如王谢那般的士族，他算是平民。他的曾祖父陶侃曾是东晋的一员猛将，功勋卓著，他也算是将门之后。他所喜爱的五棵柳树，也与陶家有一段渊源。

当年，陶侃在武昌军中曾吩咐各营种植柳树，一名叫夏施的都尉私种官柳于自家门前，陶侃经过时认出了那是官柳。此事流传甚广，史家在写陶侃传时还将其作为一件逸事记了下来。不知陶家门前的五棵柳树，是否为纪念此事而种。

陶渊明的生活态度和文学创作，深受他的家庭背景和亲身经历的影响。他在《五柳先生传》中描述了自己闲适、淡泊的生活理想，这不仅是对现实的反抗，更是对内心宁静的追求。他通过这种生活，找到了与自然和谐相处的方式，也在平凡的日常中发现了诗意的美。

陶渊明的远游与归来，既是身体的旅程，更是一场心灵的探索。他在这段旅途中，找到了自己真正的精神家园，并以此为基础，创作了许多流传千古的作品。他的经历和思想，成为中国文人追求淡泊与宁静的生活的典范。

二

陶渊明年轻时随意给自己取的"五柳先生"的雅号，在数百年后却成了人们仰慕的象征。唐代的王绩仿效陶渊明，自号"五斗先生"，并作《五斗先生传》。白居易也深受陶渊明影响，晚年自号"醉吟先生"，并著有《醉吟先生传》。

提起"五柳先生"，人们脑海中总是会浮现出一幅宁静的画面：竹篱茅舍，小径炊烟，柳色青青，古琴声声。这样的生活古朴而纯真，令许多在红尘中奔波的人心生向往。然而，清贫的日子也并不好过，陶渊明在自传中写道"环堵萧然，不蔽风日；短褐穿结，箪瓢屡空"。尽管家徒四壁，衣食短缺，他依然乐在其中。

陶渊明的快乐来源于读书与饮酒。他"好读书，不求甚解。每有会意，便欣然忘食"。此时，他读书只为丰富情趣和愉悦身心，已经和年轻时"游好六经"，想要出人头地的初衷大不相同了。他之所以能安贫乐道，大概也是受书中那些自食其力的高士和贫穷儒生的故事的启发。

当他愉快地走到谷底汲水灌园时，大约总会想起庄子所说的那位因害怕使用机械导致生机心变得不纯洁而放弃桔槔，情愿抱瓮汲水的汉阴老人。当他在道上背着柴火时，可能总会想起那位一边挑着柴担，一边诵读诗文犹如唱歌一般的朱买臣。

与年轻时相比，陶渊明多了一个爱好——饮酒。"性嗜酒，家贫不能常得。亲旧知其如此，或置酒而招之。造饮辄尽，期在必醉。既醉而退，曾不吝情去留。"他像东晋的许多文人一样，在纷乱的时局中无力改变现实，只能借酒"使人人自远"，暂时从现实世界中解脱。

陶渊明不仅借酒避世，借酒消愁，还写下许多饮酒诗，赋予饮酒新的文化内涵。他无酒不欢，一醉方休。亲朋好友也都欣赏他这份率真，愿意满足他的爱好，纷纷邀他饮酒。

与酒结缘，陶渊明留下了璀璨的诗篇，安顿了心灵与肉身，丰富了他的精神形象，提升了他的生命层次。

第三章

三十而立，两度娶妻

陶渊明在内心深处不断挣扎：是成为既得利益者，还是坚持做自己？怀着济世之志，他初次踏入仕途，却在现实面前不得不无奈归来。与此同时，他的婚姻生活也经历了波折，两任妻子的陪伴与支持，成为他人生旅途中的重要一环……

江州祭酒

一

22岁的陶渊明从东海之滨，一路历经风波，最终回归田园。两年艰辛的小吏工作，使得他在财务上略有些盈余，一家人的生活总算有了着落。

母亲孟氏的身体并不硬朗，作为名门闺秀，她从小养尊处优，虽然婚后常年过着清贫的日子，但是她从不抱怨，一直都很坚强乐观。妹妹也已婚配，远嫁给了程氏男子。此时陶家的日子依旧清苦，却祥和安宁。

于是，在一个春暖花开的日子，陶渊明的终身大事也顺理成章地被提上了日程。

陶渊明出身寒门，陶家生活又困苦多厄，自然不可能引来大富之家的千金小姐的青睐。陶渊明自从上次游历受挫后，对奢靡委顿的士族门阀也生出了深深的厌恶之心。

尽管陶家家道中落，财力不丰，但陶渊明毕竟是名将陶侃的曾孙、高士孟嘉的外孙。天下之大，除了建康城中的士族们，还有谁能与陶家的家世相匹敌？

更重要的是，那些贵族只知饱食终日，而陶渊明拥有对天下苍生的怜悯之心、洞悉天道的智慧与才思，以及踏实淳厚的个性。与这样的人共度一生，必不会错。因此，仍有许多媒人前来陶家提亲。

据陶氏族谱记载，陶渊明的第一任妻子是王家的女儿。这个王家显然不是那个足以超越谢氏的士族门阀，而是浔阳郡的一个普通人家。王家小姐的相貌究竟如何，今日已不得而知，但相信她至少是有几分风姿、几分才学的。

《闲情赋》里描述的翩若惊鸿的女子，终究随着时间的流逝而消失在了那岁月的长河。虽然没有任何诗文记载这段婚姻，但是也可以想象，两人的新婚生活应该是甜蜜幸福的。毕竟，陶渊明为人质朴但又不失浪漫。

也许在清晨，陶渊明看到妻子正端坐在轩窗下梳妆打扮，会从园子里摘下一朵花，温柔地将花插在她的云鬓间。到了黄昏，天地无垠，妻子伫立在窗口沉默不语，夕阳的余晖洒落在她的身上，他会温柔地唤一声她的名字，让她从那种"寄蜉蝣于天地，渺沧海之一粟"的孤独中解脱出来。有人陪伴在身侧，即便是清粥素菜，也能让人倍感幸福。

陶渊明自小生活在田园间，喜爱农事，但他并不擅长耕作。家里的田地虽然不少，却难以种出茂盛的庄稼，秋后的收成也不理想。陶渊明自己可以简单度日，凭借书籍和琴乐就可以满足精神上的需求，但他不忍心让妻子受苦。

为了改善家庭生活，陶渊明通过叔叔陶夔的介绍，在浔阳城里找到了一份教书的工作。他每天与书为伴，生活俭朴而充实。当家中需要种田时，他便从城里赶回来，干起沉重繁忙的农活。

陶渊明既教书，又读书，天天和学生还有其他教书的文士在一起。他谦逊随和，幽默风趣，深受大家的喜爱。渐渐地，他在浔阳城里的名声越来越大。凡是家中有孩子要读书的人，都纷纷前来拜他为师，他也因此结识了不少有地位的人。

这一切为他走上仕途铺平了道路。因为晋代实行九品中正制，乡里的清议对一个人进入仕途很重要。

既然已经有了不错的名声，陶渊明的叔叔陶夔再次建议他入仕，实现"济世之志"。陶渊明也听从了内心的声音，决定在仕途上一展抱负。

二

太元十八年（393年），29岁的陶渊明来到了江州，成为刺史桓冲的幕僚，任州祭酒。面对这一机会，他内心充满了希望。在《归去来兮辞》的序言中，他坦言"余家贫，耕植不足以自给""亲故多劝余为长吏"。显然，陶渊明出仕不仅是为了减轻家中的负担，而且是因为他对仕途仍有期待。

桓冲是东晋名将，字幼子，是宣城内史桓彝的第五个儿子、大司马桓温的弟弟。

桓温忠于晋室，在过去，桓氏家族与陈郡谢氏虽有些许冲突，但他仍以国家为重，牺牲宗族利益，将原本取得的扬州刺史职位让给谢安，自愿出镇外地。

那么，陶渊明所任的州祭酒到底是个什么职务呢？据《宋书·百官志下》记载："州祭酒分掌诸曹，兵、贼、仓、户、水、铠之属。""兵"指军事，"贼"指治安，"仓"指农粮仓储，"户"指民事，"水"指水利工程，"铠"指军需装备。这还是就宋代而言，在兵戈不断的东晋末年，江州绝对是个重要的战略基地，这里几乎集结了所有跟治国相关的事务。可以想见，陶渊明的工作内容是十分庞杂繁重的。

陶渊明每天的生活大概就是这样：晨起开始入官署办公，直到黄昏才头昏脑涨地离开。除了烦琐的公事，他要面对官场上纷乱的人事，还要对州府里的长官们低眉颔首。

陶渊明毕竟是个从小在田园里长大的诗人，习惯了山水自然的淳朴和美丽。与自然对立的人为的事物，比如政治家应有的虚伪与狠辣，以及进退趋避之道，他也许并不具备。官场上那种拍马屁、欺负下属、尔虞我诈的腐败风气，他肯定也是无法适应的。官服加身，外人看来风光无限，纷纷恭喜陶家终于有了重振门楣的机会，但陶渊明生性洒脱，被围于地位低微、事务繁杂的官差，浑身不自在。

他想起了《庄子·秋水》中那只曳尾涂中的乌龟。

　　庄子钓于濮水。楚王使大夫二人往先焉，曰："愿以境内累矣！"庄子持竿不顾，曰："吾闻楚有神龟，死已三千岁矣，王巾笥而藏之庙堂之上。此龟者，宁其死为留骨而贵乎？宁其生而曳尾于涂中乎？"二大夫曰："宁生而曳尾涂中。"庄子曰："往矣！吾将曳尾于涂中。"

　　　　　　　　　　　　——《庄子·秋水篇》

一天，庄子正在河边垂钓。楚王委派二位大夫请他做官："我们国君想让您帮忙处理楚国的事务。"庄子手持钓竿，头也不回地说："我听说你们楚国有一只乌龟，已经死了三千年了，所以在楚国是一个宝贝，楚王把它的骨头恭敬地供奉在庙里，上面镶嵌着金子、宝石、珍珠，身上披着绸缎，前面还要放上香火和祭品。那我想问一问，作为一只乌龟，它是愿意死了以后被供奉在庙里，还是愿意活着在泥巴里打滚呢？"大夫说："当然是后者。"庄子说："那你们回去吧，我也是愿意在泥巴里打滚。"

陶渊明其实也想做那只在泥巴里打滚的、自由自在的乌龟。他不想让官场的污浊侵蚀自己澄明的本性，但是因为心中的济世之志，同时还有自己身上养家糊口的责任，他还是在任江州祭酒后不忘勤勉工作。

陶渊明任州祭酒期间的生活完全偏离了他的初衷。他在《与子俨等疏》中说："性刚才拙，与物多忤。"他那刚正不阿的性格与官场的虚与委蛇格格不入。

江州祭酒这一职务不仅没有给陶渊明施展才华的机会，反而让他看透了官场的荒唐和腐败。于是，他毅然辞职，逃离了这个污浊之地。

在那个时代，许多人以拒绝官府任命来显示自己的清高，陶渊明反而以辞职的举动提升了他的声望。不久，州府再次召他出任主簿，尽管主簿地位高于祭酒，但陶渊明明白，这个职位比祭酒更为烦琐，于是婉言谢绝。他不愿再在江州任职，因为他已经看透了那里的权谋和钩心斗角。

陶渊明知道，若自己继续待在那个地方，不仅理想难以得到实现，内心还会被官场污染。与其在官场迷失，不如回归田园，过他心中向往的宁静生活。

再度丧妻

一

生活中的悲欢离合本是常态，但命运对陶渊明格外无情。

六百多年后的苏轼，在原配妻子王弗去世后，悲伤了许多年。十年后，忆起往昔，仍悲从中来，于是诉诸文字：

> 十年生死两茫茫。不思量，自难忘。千里孤坟，无处话凄凉。纵使相逢应不识，尘满面，鬓如霜。
>
> 夜来幽梦忽还乡。小轩窗，正梳妆。相顾无言，惟有泪千行。料得年年肠断处，明月夜，短松冈。
>
> ——《江城子·乙卯正月二十日夜记梦》

陶渊明的悲伤也许正是这样吧。陶渊明8岁时就失去了父亲，年轻时家境贫困，成年后，国家内忧外患，灾荒四起，百姓流离失所，他的志向难以实现。30岁时，又失去了结发妻子。这些伤痛，回想起来真是让人难以承受。

于是，他选择了隐居田园，让悲伤随风散去，把自己融入山川河流之中。妻子去世后，陶渊明的生活又回到了隐居的状态。

在《命子》一诗中，我们得以窥见陶渊明那段悲凉的心路历程。"顾惭华鬓，负影只立。三千之罪，无后为急。"陶渊明作为陶家的独子，在30多岁的年龄，因为生活的捶打，已然两鬓斑白，而望子成龙心切。

二

发妻王氏去世后，陶渊明心灰意冷，但他还是强撑着疲惫的身体教书，养活一家老小。家里的家务全靠年迈的母亲孟氏一人承担，但孩子还小，孟氏一个人根本忙不过来。亲朋好友看在眼里，心里也不好受，两年后，他们又为陶渊明张罗了一门亲事。于是，陶渊明继娶了翟氏。浔阳有三个大姓——陶氏、翟氏与甑氏，翟氏是与陶氏相颉颃的大家族。

翟家出了个著名的隐士，名叫翟汤，字道渊。史书上记载他品行淳朴端正，为人仁爱谦逊且廉洁，不屑于参与世俗事务，完全依靠耕种为生，从不接受别人的馈赠。在西晋末年的动荡时期，盗贼猖獗，但因听闻翟汤的高尚德行，无人敢侵犯他的家园，乡里百姓因此得以安然无恙。

司徒王导曾征召翟汤担任掾吏，他却不为所动，继续隐居在县界的庐山。始安太守干宝知道他的清高，派船送去粮食，特意嘱咐官员："把粮食送到后，停下船就回来。"翟汤找不到送粮的人，只得将米换成绢帛寄还给干宝。

后来，征西大将军庾亮举荐他，成帝再次征召他担任国子博士，但他仍不接受。康帝时征召他担任散骑常侍，他依旧不出山。因此，翟汤终其一生都保持着布衣的身份，过着隐逸生活。

翟氏出身于一个以隐居闻名、代代务农的家族，继承了家族的传统美德，能够安贫乐道。她与陶渊明志趣相投，夫在前耕作，妻在后锄地，两人相互扶持，生活和谐美满，堪称琴瑟和鸣的佳偶。

萧统在《陶渊明传》中写道："其妻翟氏亦能安勤苦，与其同志。夫耕于前，妻锄于后。"可见，翟氏与陶渊明性情相投，都是安贫守节之人。

在风和日丽的一天，翟氏跟随丈夫，漫步于陌上田垄，陶渊明卷起裤腿，下到田地辛勤耕耘，年轻素净的妻子在后面锄草。这时，大地显得格外肃穆，春风也格外温柔，他们的身影无比和谐美好。

翟氏是个擅长持家的女子。萧统在《陶渊明传》中记载了这样一件事情：陶渊明在做彭泽县令的时候，准备让人把所有公田都种上可以酿酒的高粱，并且得意地说："这下子我可以尽情陶醉在酒中了。"可是，妻子翟氏坚持要种稻子。最后的结果是陶渊明做了让步，五十亩种了高粱，五十亩种了稻子。

三

有了翟氏的料理，陶家的生活重新步入正途，孩子们有了母亲的教导，田里收成也一年比一年好，甚至有了余粮。而翟氏更是一个酿酒的好手，让陶渊明每餐都有酒相佐。

三年后，翟氏生下一子，唤作阿通，喜欢孩子的陶渊明内心舒畅，笼罩在心头的阴霾渐渐散去，生活重新开始有了滋味。这时候的酒，才开始喝出了快意。

翟氏像是陶家的主心骨，支撑起了整个家。更珍贵的是，她懂陶渊明。

陶渊明最后彻底告别官场，辞去彭泽县令的时候，洋洋洒洒地写了一篇宣誓以坚定归隐的决心，这便是著名的《归去来兮辞》，其中写道："僮仆欢迎，稚子候门……携幼入室，有酒盈樽。"可见，为了迎接他的"归来"，家里举行了一个小小的欢迎仪式。

而这一切自然是当家主母翟氏的安排，透过这隆重的欢迎，我们可以隐约看见翟氏的形象。她是理家抚幼、勤劳能干的母亲，更是善解人意、温柔贤淑的妻子。家境清贫，陶渊明辞官归隐意味着什么，她自然明了。但她并无怨言，经过一番忙碌，为丈夫备好一壶好酒，并且斟了满满一杯，只为给他接风洗尘。孩子们因为慈父的归来而欢呼雀跃，簇拥着他回到家里，她微笑地站在门口迎接，虽默默无语，但在目光交汇间，丈夫便领会了她的理解与包容，看到丈夫眉目舒展，神情愉悦，妻子的心也感到快慰。

她在祖辈的经历里早已深谙官场的险恶与煎熬，也懂得丈夫的清高与坚守，只有身在田园，流连诗酒，纵情云水，他才能做回自己，才能自由自在。他不怕吃苦，躬耕自足，她亦是如此。也正因为翟氏的相伴与扶持，陶渊明在田园里孝亲育子，流连数年。

慈父叮咛

一

长子陶俨3岁时，陶渊明焚香拜祖，郑重其事地写下了一首《命子》诗，"命子"即是"教子"。从他对儿子的谆谆教诲中，我们看到了一位超越时代的慈父的形象。

魏晋士大夫重视门阀，习惯向后辈述说祖上的功名以激励他们成才。但陶渊明的《命子》诗有所不同，他强调的并不是家族的功勋荣耀，而是祖上的高尚品德，比如其曾祖陶侃的"功遂辞归，临宠不忒"、祖父的"直方""惠和"、父亲的"淡焉虚止"。

陶渊明经过深思熟虑，选择了"俨"字作为儿子的大名，并准备在他成年时为他上表字"求思"。"俨"字本义庄重，《礼记·曲礼》中有"毋不敬，俨若思"一句，意思是对待贤人不可不尊敬，神态要像陷入沉思般庄重。诗中提到的孔伋，是孔子的嫡孙，曾受业于曾子，出仕于鲁穆公，是儒家主要代表人之一。

陶渊明希望长子能够以孔伋为榜样，时刻努力上进，追求儒家所说的"天行健，君子以自强不息"的精神。他对长子的期望，从他的长诗中可以看得出来。然而，在倾诉了这一番殷切期望之后，陶渊明还是表示，即使孩子不能成才，他也能够接受："夙兴夜寐，愿尔斯才。尔之不才，亦已焉哉！"顺应自然，不执着于结果，这正是他的可贵之处。

不过，不知是不是因为陶氏与孟氏曾有两代近亲联姻，陶渊明的五个儿子都没有遗传到他的才华，甚至显得不够聪明。在《责子》这首诗中，陶渊明毫不掩饰地描述了五个儿子的情况。

白发被两鬓，肌肤不复实。

虽有五男儿，总不好纸笔。

阿舒已二八，懒惰故无匹。

阿宣行志学，而不爱文术。

雍端年十三，不识六与七。

通子垂九龄，但觅梨与栗。

天运苟如此，且进杯中物。

《责子》大约作于陶渊明44岁时，表达了他对儿子的责备和批评。虽然陶渊明洒脱地说"不如喝杯酒，一切随他去"，但这只是他放下了对儿子在学业和仕途上大有作为的期望。在他写给儿子的许多诗中，我们可以看到他对他们做人的要求还是非常严格的。

他在诗中称自己白发渐生、身体渐衰的同时，五个儿子的表现却令人感到失望。长子懒惰，次子不喜文墨，三子和四子已13岁，竟不识得10以内的数字，幼子则终日只知游戏。

然而，面对孩子们这样的现状，在诗的结尾处，陶渊明还是表达了接纳："天运苟如此，且进杯中物。"事已至此，还是先喝口酒吧，孩子的事情就随他们去吧！尽管几个孩子都不如他所期待的那样，但他仍然全然接纳。我们看到了他超越时代的一面，他不是封建社会里传统的严父，他和儿子们的相处更像是现代开明的父子关系。

《责子》这首诗写得很有趣，关于他的用意，后代的两个大诗人有着全然不同的理解。读了陶渊明的诗歌，杜甫曾评价："陶潜避俗翁，未必能达道""有子贤与愚，何其挂怀抱"。这是说，陶渊明虽是避世隐居，但也未必就因此进入了忘怀得失的境界，他对儿子品学的好坏，还是那么关心。

黄庭坚在诗中说："观渊明此诗，想见其人岂弟（通恺悌，和乐安详的意思）慈祥戏谑可观也。俗人便谓陶渊明诸子皆不肖，而渊明愁叹见于诗，可谓痴人前不得说梦也。"黄庭坚否认此诗是陶渊明真的在批评儿子不求上进，而是以戏谑之笔，显出一种慈祥爱怜的神情。

可以说，儿子们的缺点都是被父亲夸大了的、漫画化了的，在叙事中又采用了一些有趣的修辞手法，令人读了忍俊不禁，可以想见陶渊明下笔之时那种又好气又好笑的心情。不妨说，这是带着笑意的批评，是一种舐犊情深。不得不说，黄庭坚的体会是颇为精妙的。

<h2 style="text-align:center">二</h2>

在饥馑贫困的生活环境中，陶渊明勉励孩子们要保持志气和原则，做到"君子谋道不谋食""君子忧道不忧贫"。陶渊明不仅自己主动从事被士族轻视的耕作劳动，也要求孩子们参与劳作。

陶渊明将从事耕织这样的体力劳作视作立身之本和完善人格的基础。他认为，对孩子们来说，以自己的双手踏实劳作，是锻炼心志的好机会。正所谓"衣食当须记，力耕不吾欺"。

明人谭元春赞许陶渊明有着"真实本分"，不同于那些只知玩弄文字而从未切实从事生产的"故作清态"的读书人。

陶渊明还教育儿子们应守孝悌、重团结，友善待人。昭明太子的《陶渊明传》里记载了一件事，陶渊明当官在任期间，仍不忘给儿子写信，其中一封信中这样写道："汝旦夕之费，自给为难，今遣此力，助汝薪水之劳。此亦人子也，可善遇之。"意思是：你们每天早晚劳作，难以自给，现在派这个仆人去帮你担水砍柴，他也是人家父母的孩子，你要好好对待他。

不难看出，陶渊明是个深情的人，这是他性格的底色。毕竟，没有真诚的热爱，就不会有他淡泊背后那种深厚而持久的情感。

虎溪三笑

一

　　天刚亮，太阳从云里冒出来，光洒在南村的茅屋上。陶渊明睁开眼，看到阳光透过窗棂照进来。他揉揉眼，自言自语道："下了那么多天的雨，终于晴了，东边的豆苗该理理了。"

　　他理了理乱发，穿上麻衣，简单洗漱后，吃了几口昨晚的剩饭。然后，他舀了点水装进竹筒，挂在腰间，出门拿起墙角的锄头，戴上草帽，关好门，迎着晨光走向田野。远处的山雾蒙蒙，白鹭从田间飞起，公鸡开始打鸣，炊烟袅袅，一派宁静的田园风景。

　　在田里干活很辛苦，但陶渊明心里很是满足。他擦擦汗，看到那片绿油油的豆苗，觉得生命充满了生机与喜悦。

　　傍晚，村子里热闹起来，大家扛着锄头回家。灯火点亮了，狗叫声、孩子的笑声充满了小屋，温馨而美好。陶渊明心中暗喜，这样的生活，比官场的争名夺利要好太多了。

时光飞逝，陶渊明忙得忘了季节，直到院子里铺满了金黄的落叶，才意识到已是秋天了。田地里迎来了丰收，菜园里的葵菜长势喜人，稻田里的稻穗饱满。心情舒畅的他对妻子说："准备些干粮，咱们带孩子们去登高远游吧！"

他提笔将这段快意的时光记录下来，并分享给自己的好友刘程之：

> 穷居寡人用，时忘四运周。
>
> 闲庭多落叶，慨然知已秋。
>
> 新葵郁北牖，嘉穟养南畴。
>
> 今我不为乐，知有来岁不？
>
> 命室携童弱，良日登远游。
>
> ——《酬刘柴桑》

因刘程之曾任柴桑令，所以陶渊明称他为"刘柴桑"，他和陶渊明志同道合，在陶渊明归隐之前，他就选择了退居林泉。在东晋，陶渊明日日相对的庐山，像是一块磁石，吸引了无数文人志士，刘程之也将目光投向了它，不仅因为这里远离尘嚣，还因为慧远大师就在此修行。

太元三年（378年），慧远大师45岁。前秦十万大军大破襄阳城，为躲避祸乱，在颠沛流离三年后，因缘和合，慧远大师止步于云雾缥缈的庐山，并在山北建东林寺，这位虔诚智慧的僧人，开始了佛教中国化的探索：将当时本土最为流行的儒学、道学、玄学同外来的佛家思想糅合在一起，令深奥晦涩的佛教变成社会各阶层都能理解的宗教，吸引庐山周边无数隐士前来修习。

据说，刘程之拜师慧远大师时，慧远大师问他："你为什么不做官呢？"刘程之答道："晋朝就像浮萍一样不稳，而众生的处境却如危卵般危险，我何必去做官呢？"他修行了几年的佛法，后来搬到西林山涧北边，自己建了一间禅房，专心钻研佛教教义，严格持戒，还写了《念佛三昧诗》。

二

根据《东林传》和《出三藏记集》记载，刘程之在山涧住了半年后，在禅定中见到佛祖放光，照亮大地，呈现出金黄色。又过了十五年，他在念佛时，见佛祖用光触到他的身体，并垂手安慰和接引。他说："怎样才能得到如来为我摩顶，并以衣服覆盖我身？"话音未落，佛祖就为他摩顶，并为他披上了袈裟。

有一天，刘程之梦见自己进入七宝莲池，池水澄澈，莲花青白相间。有一人头顶圆光，指着池水说："这是八功德水，你可以饮用。"刘程之喝了觉得甘美无比。醒来后，身体散发出异香。他告诉别人："我往生净土的时机到了。"

于是，他请僧人诵读《妙法莲华经》，总共诵读了数百部。他焚香礼拜佛像，祈祷说："因释迦牟尼佛的教诲，我知道了西方极乐世界，这香应当先供奉释迦牟尼佛。我能往生净土，全靠这经的功德。并愿一切有情众生都能同生净土。"说完，他与众人告别，面向西方合掌，安然往生。

这些佛教典籍的记载虽然不能完全得到证实，但是可以确定的是，刘程之是陶渊明为数不多的朋友之一。他们常一起在山林间散步，也常在月下畅谈。刘程之因修佛而与陶渊明谈论佛理，陶渊明也在这种交流中受到佛学思想的影响。

也许，陶渊明和慧远大师的交往也是因刘程之而起。慧远大师在东林寺建有一片大水池，种满了白莲，并组建了"莲社"。当时，名震文坛的谢灵运想加入莲社，还捐赠了很多白莲，但慧远大师并不喜欢他，觉得他心中杂乱。陶渊明虽然贫困，却深得慧远大师赏识。

《莲社高贤传》记载道："慧远法师与诸贤结莲社，以书招渊明。渊明曰：若许饮则往。许之。遂造焉，忽攒眉而去。"慧远大师真诚邀请陶渊明加入"莲社"，陶渊明提出只要能喝酒，他就去。慧远大师看重他的淡泊超脱，答应他不需要遵守戒酒的规矩。最终因与社友观点不合，陶渊明选择离开。

《庐山记》里记有"虎溪三笑"的故事：慧远法师居庐

山30余年，影不出户，迹不入俗，送客不过虎溪。若过虎溪，虎辄鸣号。陶渊明和道士陆修静来访，慧远法师与他们谈得投契，送出山门，三人忽听虎啸，才发现已越过虎溪界限。三人相视大笑，执礼作别。后人在他们分手处建"三笑亭"，以此作为纪念。

陆修静是南朝宋的著名道士，主持过道教的清整运动，并曾于庐山修建道观，对道教发展有深远影响。慧远与陶渊明确有交往，但在"虎溪三笑"故事发生那年，陆修静才10岁，更有人说才刚出生，所以这个故事应是后人虚构。

故事虽未必真实，却有更深层的意义。人们可以从这个故事中感受到当时佛、道、儒三教的融合趋势，体会到中国文化的开放与包容以及文人士大夫的修养与风雅。

陶渊明在诗中写道"人生似幻化，终当归空无"，透露出佛学中"缘起性空"的思想。他的另一首诗中写道"不觉知有我，安知物为贵"，又有"无我无执"的佛理味道。在田里劳作时，他是个农人；与慧远、刘程之谈佛论道时，他又是哲人。陶渊明的田园生活因此更加有了趣味和深意。

人间烟火

一

岁月悠悠，不经意间，陶渊明已步入人生的又一个阶段。在东林寺度过了一段静谧、超脱的生活后，他带着一颗更加平和、坚定的心，重新踏入了人间烟火之中。这次，他不再是那个初涉世事的青年，而是一个历经风雨、看透世态炎凉的智者。

从庐山东林寺缓缓地走下，每一步都似乎踏在了时间的脉络上。陶渊明深吸一口山间清新的空气，那份超脱并未因离开寺庙而消散，反而与尘世的烟火气息交织出一种难以言喻的和谐。他明白，真正的修行，不在于远离尘嚣，而在于内心的宁静与坚守。

浔阳城，这个曾经让他既熟悉又陌生的地方，如今再次映入眼帘，又多了几分亲切与温暖。街市依旧繁华，人声鼎沸，小贩的叫卖声、妇人的谈笑声、孩童的嬉戏声交织成一幅生动的市井画卷。陶渊明漫步其间，心中涌动着一股难以名状的情感——这是生活的真实，是人间最质朴的烟火气。

行至一家熟悉的酒楼前，陶渊明不由自主地停下了脚步。这家酒楼曾是他与友人相聚、以诗会友的地方，如今却成了他避之不及的"是非之地"。刚踏入门槛，便听见几个酒客在谈论他的事情，言语间充满了敬佩与赞叹。陶渊明心中虽有几分惊讶，却也暗自苦笑。他深知，自己不过是一介布衣，何德何能得此夸赞？

酒香扑鼻，他终究还是抵挡不住诱惑，找了个角落坐下。酒保一眼便认出了他，热情地招呼着，仿佛故人重逢。陶渊明笑着点头，心中却五味杂陈。他本想借酒消愁，却又怕引起不必要的麻烦，于是匆匆饮了几杯，便借口离开。走在回家的路上，他怀抱着一壶佳酿，边走边饮，边饮边笑，笑自己这份难得的"胆小"，也笑这世态炎凉中的一丝温情。

回到乡下的老宅，陶母早已等候多时，见儿子归来，满脸都是笑意。她察觉到陶渊明身上那股淡然与超脱，更加确信自己的儿子已经找到了属于他的道路。陶渊明放下酒壶，与母亲闲话家常，谈及东林寺的所见所闻，以及自己对生活的种种感悟。母亲听后，连连点头，眼中满是欣慰。

次日清晨，陶渊明便换上了干农活的衣服，拿起锄头，走向田间。阳光洒在他的身上，温暖而明媚。他深吸一口气，泥土的芬芳瞬间填满了胸腔。这一刻，他感到前所未有的轻松与自在。他明白，这片土地不仅是他生活的依靠，更是他心灵的归宿。

随着季节的更迭，陶渊明在田园中度过了一个又一个充实的日子。他学会了与土地对话，与草木为伴。每当夕阳西下，他便会坐在田埂上，望着满眼的绿意，心中充满了宁静与满足。他意识到，人生就像这片田地，需要不断地耕耘与付出，才能收获丰硕的果实。

二

岁月如梭，转眼间陶渊明已步入中年。虽然陶渊明自小就半耕半读，以前对耕作之事也有所感悟，但未经世事的种种历练，也不过是将耕作视作维持生计的根本罢了。过了而立之年，经历了一段痴情往事之后，他才明白，人不可受外物的驱使，执着于一念，苦于一念，而应该笑对风云变幻，守护一颗平常心。

境随时迁，每个人的人生际遇大不相同，平常人只要耕种好自己的一亩三分地就好了，只要勤于耕种，总会有些许收获。他承认自己虽小有才华，但和山川日月比起来，也不过是一介凡夫俗子，难逃平常人的宿命。

如今，官场浑浊，东晋的政局十分混乱。他倒不如退回到乡下种地，守护自己纯粹的内心，待到时机成熟，或许还能救世济民。那时候，虽然陶渊明隐居山林，躬耕田园，但心中仍然对朝廷怀有热切的期望。

陶渊明是个务实之人，既然还无法兼济天下，那么现在只能选择独善其身。他热络地加入乡下人耕作的队伍，彻底和乡邻们打成一片。他感到自己被一群温暖的人包围着，他为自己的劳作感到高兴，便兴致颇浓地写下了一首《劝农》：

> 悠悠上古，厥初生民。傲然自足，抱朴含真。
>
> 智巧既萌，资待靡因。谁其赡之？实赖哲人。
>
> 哲人伊何？时维后稷。赡之伊何？实曰播殖。
>
> 舜既躬耕，禹亦稼穑。远若周典，八政始食。
>
> 熙熙令德，猗猗原陆。卉木繁荣，和风清穆。
>
> 纷纷士女，趋时竞逐。桑妇宵兴，农夫野宿。
>
> 气节易过，和泽难久。冀缺携俪，沮溺结耦。
>
> 相彼贤达，犹勤陇亩。矧伊众庶，曳裾拱手！
>
> 民生在勤，勤则不匮。宴安自逸，岁暮奚冀？
>
> 儋石不储，饥寒交至。顾尔俦列，能不怀愧？
>
> 孔耽道德，樊须是鄙。董乐琴书，田园不履。
>
> 若能超然，投迹高轨。敢不敛衽，敬赞德美。

陶渊明从上古时期百姓的朴素生活写到后稷播植自给，舜禹躬耕稼穑，他认为古代贤达之人尚且躬耕，文人庶士更当勤于耕种，以保自安。陶渊明借孔子、董仲舒专心学业、不事农耕的行为批评那些既不劳作又不进修道德的人。晋代玄虚之风盛行，上层社会的官员虽然口头上重视农业，但是极少有人能够身体力行，从事耕作。他们有时候会下乡劝农，但也不过是虚张声势，做做样子而已。

陶渊明对这样弄虚作假的风气很是不屑，他要用自己躬耕田园的行为来证明自己的意志与品格。在出仕和退隐之间还有另一条道路，那是一条艰辛的道路，是一条真正与底层百姓携手并肩的道路。

三

和官场上那些追名逐利的所谓的正人君子不同，陶渊明躬耕田野，放下了读书人的架子，摘下了中国"士人"的"面具"，心安理得地享受起与农人一起劳作的日子，享受起自然田园风光。作为一名士大夫，陶渊明把亲身体验的农耕生活写入诗中，作为一名诗人，田园诗是他的独创，在田园诗中以农耕为主题，更是陶渊明的独创。

唐宋以来，尽管也有许多诗人描写田园生活，但是由于缺乏躬耕体验，对人生之道亦缺少深切理解，所以总觉得不那么贴切，不那么深刻。陶渊明明白，人生若想修行，不必去到那白云生处、高山寺庙，而应该身处人间烟火中，躬耕稼穑，与民同乐。

陶渊明的生活态度，不仅让他在现实中找到了心灵的归宿，也让他的作品充满了浓厚的人间烟火气息。他的田园诗，既有对自然的赞美，也有对现实生活的深刻反思，更有对人生智慧的真切体悟。正因如此，他的诗歌才能穿越时空，深深打动每个人的心。

在田园的怀抱中，陶渊明找到了真正的自我。他的生活虽简朴，但内心充实而丰富。他用自己的方式诠释了什么是真正的幸福与满足。无论是面对风雨，还是面对阳光，他都能够坦然接受，笑对人生。

第四章

心生倦意，诀别官场

远离喧嚣的官场，陶渊明选择了故乡的田园，回到了那片属于自己的土地。他耕种、读书，与自然为伴，感受四季的更替。他知道，只要这片土地还在，那些亲爱的人还在，此生便有了一个永远的避风港。这种归隐的生活，让他得以守住内心的纯净与真实……

入桓玄幕

在逆境中，人们常会选择暂时隐退，收起锋芒，积蓄力量。然而，时间一久，许多人便忘记了自己手中那把曾光芒四射的剑。

陶渊明站在房间内，目光落在墙上垂挂的那把宝剑上。这把剑曾伴随他走过许多地方，但多年未曾动过。虽然他是个文人，但他也曾挥舞过这把剑，游历四方。

如今，他的心中忽然燃起一股激动的情绪，他一把抽出剑鞘中的剑。寒光一闪，他持着手中的剑舞动起来，身轻如燕，点剑而起。剑光似飞龙，疾如闪电，剑过之处，飒飒生风，吹动着桌上的白纸。

最后，他按剑在手，将宝剑重新装入剑鞘，一番舞动之后，陶渊明精神焕发，仿佛回到了仗剑远游的青年时期。

这一次，陶渊明决定带着宝剑再度出发，成为桓玄的幕僚。他听说桓玄是个有雄才大略的人，且博综合艺，善于属文，陶渊明认为他就是自己的伯乐。

陶渊明的外祖父孟嘉曾是桓玄的父亲桓温最为赏识和倚重的部下，《晋书》里孟嘉的传记就附在桓温的传记后面。也许因为以上种种原因，又因为家族的渊源，大约于隆安二年（398年）九月，陶渊明顺利地进入了桓玄幕府。值此兵荒马乱之际，得遇明主，能为国家的平定安宁出一份力，实现自己的报国之志，此时的陶渊明是踌躇满志的。

也正是在此时，陶渊明有了第五个儿子，家庭负担沉重，也许也是迫于生计，他不得不再次出仕担任桓玄的僚佐。

这一年，政治和军事形势严峻，风云变幻莫测。十一月，孙恩起义。十二月，桓玄消灭了刚刚结盟的南郡相杨佺期和荆州刺史殷仲堪。次年，他向朝廷请求领荆、江二州刺史。朝廷下诏任命桓玄为都督荆司雍秦梁益宁七州诸军事、后将军、荆州刺史、假节，自此，长江中游及西部地区的军政大权尽归桓玄一人之手。

在桓玄属下工作的两年里，陶渊明常年奔波在外，多次往返于建康、浔阳和江陵之间。陶渊明的许多行旅诗都是在这段时间写成的。

隆安四年（400年），陶渊明以桓玄官吏的身份出使建康。从建康返回江陵的途中，他途经浔阳，决定顺便回家探望年迈的母亲。这段行程是逆水而上，主要依靠风帆。就在离家将近百里的地方，他遇上了逆风，风急浪高，船只无法前行，只能停靠在一个叫规林的津港。陶渊明在此写下了二首《庚子岁五月中从都还阻风于规林》，记录了当时的心情：

> 行行循归路，计日望旧居。
> 一欣侍温颜，再喜见友于。
> 鼓棹路崎曲，指景限西隅。
> 江山岂不险？归子念前涂。
> 凯风负我心，戢枻守穷湖。
> 高莽眇无界，夏木独森疏。
> 谁言客舟远？近瞻百里余。
> 延目识南岭，空叹将焉如！

陶渊明归心似箭，急于回家，但无奈风急浪高，船只无法前行，只能滞留在规林。他遥望着南岭，心中感慨万千。

在桓玄幕府的日子里，陶渊明一方面忍受着仕途的艰辛，另一方面内心始终怀念着那片宁静的田园和亲人们的温暖。尽管仕途并不顺利，但他坚定地相信，只要心中还有那份对田园生活的向往，便能在困境中找到一丝慰藉。

二

归心似箭的陶渊明，时时计算着回家的日子。陶渊明摇着船桨穿过弯曲的水道，眼看着太阳在西天沉落。尽管江山险峻，但他满心只想着前行。从建康回浔阳是由北往南走，但南风不断，违背了他的心愿，只能收起船桨困居湖边。草丛深密，一望无际，夏日的林木繁茂扶疏。离家只剩下百里，放眼展望已能辨识南岭，但停在此地只能空自嗟叹！

在第二首《庚子岁五月中从都还阻风于规林》中，他写道：

> 自古叹行役，我今始知之。
>
> 山川一何旷，巽坎难与期。
>
> 崩浪聒天响，长风无息时。
>
> 久游恋所生，如何淹在兹！
>
> 静念园林好，人间良可辞。
>
> 当年讵有几？纵心复何疑！

"巽"与"坎"都是《易经》中的卦名，据《说卦传》记载，"巽"象征风，"坎"象征水，所以"巽坎"在这里借指风浪。

自古以来就有人感叹外出远行的艰辛，陶渊明今天才真切地体会到。山川是多么的空旷辽远，风波忽起，难以预料。面对着震天的巨浪和不息的狂风，长期出门在外的陶渊明，此刻更加思念母

亲。静心想想还是田园生活安定美好，官场生活早该告辞
了。人生的盛年能有多长？应该随心而动，不再迟疑。

第二年，也就是401年，陶渊明请假回乡探亲。七月，
他赴江陵桓玄官府销假，中途经过武昌，可能顺便去看望了
住在武昌的妹妹。在涂口这个地方与武昌的亲朋好友告别，
为此他写作了《辛丑岁七月赴假还江陵夜行涂口》：

> 闲居三十载，遂与尘事冥。
>
> 诗书敦宿好，林园无世情。
>
> 如何舍此去，遥遥至南荆！
>
> 叩枻新秋月，临流别友生。
>
> 凉风起将夕，夜景湛虚明。
>
> 昭昭天宇阔，晶晶川上平。
>
> 怀役不遑寐，中宵尚孤征。
>
> 商歌非吾事，依依在耦耕。
>
> 投冠旋旧墟，不为好爵萦。
>
> 养真衡茅下，庶以善自名。

行役的劳苦使陶渊明特别怀念家居生活的悠闲。清澈澄
明的月夜江景，无法排遣旅途中的孤独。

春秋时有个叫宁戚的放牛人，是卫国人，知道齐桓公能

够成就霸业，于是赶车来到了齐国，有意在喂牛的时候敲着牛角唱"长歌漫漫何时旦"，让齐桓公听到。桓公因此知道他是个贤人，任命他做了大夫。商歌就是宁戚所唱的歌。陶渊明说，唱商歌希望能够得到当权者的任用，这不是他想做的事。他所依恋的是躬耕隐居的生活，不会为高官厚禄所动。能够在简陋的住处里保持纯真朴素的本性，或许就称得上是善了。

尽管陶渊明担任的是当时权势最大的军阀的幕僚，但不停地出使、奔波，使患有脚疾的陶渊明对离乡为官已经产生了后悔、倦怠的情绪，同时流露出对归田躬耕的强烈渴望。仕途的劳累和奔波使他更加向往那片宁静的田园，渴望回到那份简单而纯粹的生活中去。

为母守丧

一

陶渊明回到荆州任职没多久，家乡就传来噩耗——他的母亲孟氏没能熬过那个寒冬，在一个白雪覆盖的早晨去世了。陶渊明听闻后，立刻辞去官职，赶回家奔丧。

由于父亲早已去世，按照规定，他要为母亲服"斩衰之丧"，这是最重的丧服。"斩衰"是用最粗的生麻布制作的，边缘外露不缉边，表示毫不修饰，以致哀痛。"斩衰之丧"的丧期为三年（实际上约为25个月）。

根据当时的丧俗规定，服丧者头三天不能吃喝任何东西，三天后才能喝粥，三个月后才可洗头。丧期内，陶渊明身穿孝服，头戴孝帽，帽带是用麻绳编成的，脚上穿着草鞋。服丧满一年后，他才可以戴上厚缯或粗布做的帽子。整个丧期的规定严格而烦琐，但陶渊明遵循礼法，尽心尽力地为母亲守丧，以表达自己深切的哀思和孝心。

在为母亲守孝的这段时间里，陶渊明的心情无比伤痛，母亲的音容笑貌历历在目。生前的她，尤其喜欢给陶渊明讲她的父亲孟嘉的故事。如今母亲已逝，自己的生命也只剩下归处，那些飘逸动人的故事，难道就让它们随着母亲的离去而消散在凄凄的寒风中吗？

陶渊明怀着对母亲的思念之情以及对外祖父的崇尚之意，写下了《晋故征西大将军长史孟府君传》，以此铭记二位亲人：

> 君讳嘉，字万年，江夏鄂人也。曾祖父宗，以孝行称，仕吴司空。祖父揖，元康中为庐陵太守。宗葬武昌新阳县，子孙家焉，遂为县人也。君少失父，奉母二弟居。娶大司马长沙桓公陶侃第十女，闺门孝友，人无能间，乡里称之。冲默有远量，弱冠，俦类咸敬之。同郡郭逊，以清操知名，时在君右。常叹君温雅平旷，自以为不及。逊从弟立，亦有才志，与君同时齐誉，每推服焉。由是名冠州里，声流京邑。

——节选

他思念着母亲，同时也暗自庆幸自己因为母丧而在桓玄篡位之前离开了他，倘若自己当初随着桓玄回到建康，那么在桓玄篡位时，自己如果挺身而出就会身首异处，而如果沉默不语就会被天下人视为乱臣贼子。他在心里暗暗叹道：母亲是懂我的心的，冥冥中用生命挽救了我的性命和名节。

二

身在田园之中，摆脱了官场的纷争与束缚，日子倒也平静。自然万物与古代贤人，还有从弟敬远，都是陶渊明最好的朋友，他总是能从中得到真诚的安慰。

重新做回了农民，勤恳的陶渊明一刻也没有闲下来。早春的南坡依傍在静谧的树林边，清澈的天空下，微风徐徐，种下的植物悄悄在夜间节节拔高。田园总会给他灵感，这一年，他写下了《癸卯岁始春怀古田舍二首》：

在昔闻南亩，当年竟未践。

屡空既有人，春兴岂自免？

夙晨装吾驾，启涂情已缅。

鸟哢欢新节，泠风送余善。

寒草被荒蹊，地为罕人远。

是以植杖翁，悠然不复返。

即理愧通识，所保讵乃浅。

——其一

先师有遗训，忧道不忧贫。

瞻望邈难逮，转欲志长勤。

秉耒欢时务，解颜劝农人。

平畴交远风，良苗亦怀新。

虽未量岁功，即事多所欣。

耕种有时息，行者无问津。

日入相与归，壶浆劳近邻。

长吟掩柴门，聊为陇亩民。

——其二

　　早就听说过南亩的美好生活，只是遗憾自己没有早点来体验这俯身躬耕的日子。如今生活贫困，就像颜回一样，又怎能错过春耕的好时节呢？陶渊明从村落清晨的曙光中走出，驾着车马下地干活，心中充满了对自然的热爱。鸟儿婉转的歌声在耳边回荡，风中弥漫着花草的清香，凉爽宜人，温暖和煦。

　　田地上的白雪像潮水般退去，荒草覆盖了无数小径。这人迹罕至的地方让陶渊明感到无比惊喜。在这里，他找到了自由，不需要追求繁华的生活，不需要面对任何多余的人。他甚至觉得，那些汲汲于功名利禄的人是可笑的，他理解了植杖翁选择遁世的原因。隐居躬耕在此，虽然有违世俗的通识——功成名就、出人头地，但他依然能够保持内心的朴素初心，感到心安理得。

孔子说过的"忧道不忧贫"，陶渊明记在心里，他也想成为长沮、桀溺那样的隐士。但他的内心仍有挣扎，本想有所作为，世界却让他望而却步。他很失望，无奈只能"长吟掩柴门，聊为陇亩民"。

在大自然里，陶渊明充分感受到了与官场截然不同的美好体验。鸟儿在欢唱舞蹈，赞美这欣欣向荣的季节，鼓舞着他勤劳耕作。春风充满善意地吹来阵阵花香，吹散了他心中的烦忧。在大自然中，明月清风，高山流水，归鸟鸣禽，都在无意识地遵循着自身的规律运转变化，没有欲望，没有目的，一切都显得那样圆满和谐。

农耕生活也是陶渊明所喜欢的，春耕夏耘，秋收冬藏。这里没有人世间的尔虞我诈和钩心斗角，一切都呈现出一种朴素和真实的智慧。

陶渊明不仅懂得人与自然的和谐相处，还能领会万物间的交流与默契。"平畴交远风，良苗亦怀新"就写出了田野和清风的交好：风带来了温暖，也带来了季节的快乐，大地将其拥入怀中，并且将之分送给良苗，良苗怀着满心的喜悦，抽出了新的叶芽。可见陶渊明心与万物的妙合无垠。

陶渊明用生命实践了庄子的"天地与我并生，而万物与我为一"。

三

元兴二年（403年），桓玄威逼晋安帝禅位，在建康建立桓楚，改元"永始"，将晋安帝变为平固王，赶出建康，软禁于浔阳。桓玄篡位以后，骄奢淫逸，游猎无道，通宵玩乐。兴修宫殿、建造可容纳30人的大乘舆。

一时间趋炎附势之人借机攀附，曾在桓玄手下做事的人各个额手相庆，争先恐后想要捞个一官半职，唯有陶渊明心情沉重。天下的黎民百姓经此动乱与厮杀，不知有多少人流离失所、家破人亡。

曾经，陶渊明欣赏桓玄，以为可以跟随他匡时济世。没想到，几年以后，这位被陶渊明寄予希望的军阀就篡位做了皇帝。人性的复杂贪婪，并非淡泊耿介的陶渊明所能理解。总有人甘心被名利富贵驱使，不惜违背初心。昔日的桓玄何尝不是谈玄论道，满嘴清静无为，没想到满心都是声色犬马。一想到这里，陶渊明内心感到惭愧悲痛，后悔自己当初看错了人。

梁启超先生是懂他的，他评价陶渊明道："须知他是一位极严正，道德责任心极重的人。他对于身心修养，常常用功，不肯放松自己。"

诚然，那年冬天，天降大雪。在整个新年里，陶渊明始终一个人呆呆地坐在案几前看雪花纷纷落落，郁闷至极。有些话不吐不快，可又能与谁诉说呢？也许只有从弟敬远能理解他内心的苦楚吧。

陶渊明有一个感情深厚的堂弟敬远，在《祭从弟敬远文》中他写道："余尝学仕，缠绵人事，流浪无成。惧负素志，敛策归来，尔知我意，常愿携手，置彼众议。"可见两人志同道合。归田守孝的这三年，他们同住乡间，一道读书耕种，然而一年下来的收获尚不足以自给。美好的自然环境治愈了陶渊明的精神世界，但现实是残酷的，在辛勤的劳作过后，陶渊明依然过着饥寒贫困的生活。

寝迹衡门下，邈与世相绝。

顾盼莫谁知，荆扉昼常闭。

凄凄岁暮风，翳翳经日雪。

倾耳无希声，在目皓已洁。

劲气侵襟袖，箪瓢谢屡设。

萧索空宇中，了无一可悦。

历览千载书，时时见遗烈。

高操非所攀，谬得固穷节。

平津苟不由，栖迟讵为拙？

寄意一言外，兹契谁能别！

——《癸卯岁十二月中作与从弟敬远》

孔子说过"君子固穷，小人穷斯滥矣"。此时在陶渊明面前有两条路可供选择：一条路是在官场里不断运作和升迁；另一条路是退守田园，栖迟于衡门之下。放着官不做，而是过着衣不蔽体、食不果腹的生活，本无以此鸣高之意，不过因为官场不符合自己的志气，所以无奈归田，陶渊明谦虚地嘲笑自己是"谬得固穷节"。

陶渊明曾怀有济世救民的理想，但随着桓玄的篡位，这一理想被彻底破灭。这些年，他被困在官场，来回奔波劳累，心中的苦闷可想而知。为了不违背自己的初心，他再次回到田园生活。然而，让一家老小跟着自己挨饿受冻，陶渊明内心的痛苦和挣扎难以言表。

但是，陶渊明的智慧和旷达最终让他克服了这些困难。他将悲愤化为力量，心态逐渐乐观起来，他将波澜起伏的生活转变为平静清澈的日子。陶渊明的人格在贫与富、穷与通的交战中再次得到了升华，他的诗境也因此达到了极致的深厚和醇美。

镇军参军

一

元兴三年（404年），经历了五个月政局的动荡，总算是风波暂歇，刘裕被加封都督江州诸军事。刘裕以刘敬宣为江州刺史，并广揽文武人才。陶渊明的家乡浔阳又是这动荡的中心，外面的风吹草动他都了然于心。就在这时，也许是刘裕的主动征辟，抑或在朝中任太常卿的叔父陶夔的举荐，陶渊明出任了刘裕的参军。

刚刚结束三年服丧期，热爱田园生活的陶渊明，为什么又第三次步入凶险的仕途呢？我们可以从刘裕和陶渊明两方面来揭开这个谜。

从刘裕方面来看，他此次起兵是打着反对桓玄篡位、恢复晋王朝的旗号，在道义上似乎占据了有利的地位，再加上双方力量的悬殊和指挥的正误这些因素，所以在两三个月里就取得了决定性的胜利，一时之间给国家带来了新的希望。

刘裕这时并没有流露篡位的野心，他也还不具备篡位的条件。跟着他起兵的只有北府的27位将领和100多名兵卒。起兵前桓玄逼死北府首领刘牢之，杀虏了高素等六个北府旧将，使北府将领人人自危。尽管如此，刘裕起兵前仍然很犹豫，坚持等到桓玄篡晋之后才敢起兵。他的起兵带有孤注一掷的性质，胜利确实有几分侥幸的成分。

刘裕起自行伍，掌管权力之初统治基础十分薄弱，而敌对势力仍然不弱，如果没有多年的经营，建立几次像桓温北伐那样显赫的战功，他是不敢轻易篡位的。事实上，16年之后，即宋武帝永初元年（420年），他才篡位，这就证明了这一点。在这种情况下，陶渊明不可能预料到他16年后篡位而因忠于晋室拒绝入其幕府。

另外，正因自己立足未稳，刘裕才特别重视招揽各方人才，作为江州名士的陶渊明得到他的青睐被征为参军也就不奇怪了。陶渊明曾经出仕桓玄，不但不影响刘裕对他的征辟，如果他肯应征反而更能显出刘裕的大度与求贤若渴的态度。何况陶渊明早已在看出桓玄有篡位野心之时就脱离桓玄了。

再者，陶渊明的入幕，代表了曾任晋朝大司马的陶侃这一家族对刘裕的态度。无论陶渊明实际上对刘裕有几分支持，他入幕的这一行动本身对刘裕争取晋朝旧臣、提升自己的形象是有意义的。所

以，对刘裕而言，他必定是非常乐意且热情地征辟陶渊明为
参军的。

　　站在陶渊明的立场上来看，他出任刘裕参军，心情必然
是复杂的。过去他出仕桓玄幕府，是因为对桓玄整顿晋朝纲
纪抱有希望，结果却不如人愿。此次离家赴任镇军参军，足
以说明他对旧主桓玄的厌弃和对刘裕的支持。如果他对桓玄
有一丝支持的话，当桓玄东下和西还两次经过江州时，他都
可重新投入桓玄幕中，但陶渊明并没有这样做。

　　可他毕竟是桓氏旧人，刘裕对他究竟会怎样，他不会不
顾虑。政局动荡，营垒分明，谁胜谁负难以预料，稍有不慎
就会招祸。最重要的是，他性情刚介，与物多忤，而刘裕又
是一介武夫，能否与他合得来也是未知。然而陶渊明还是勇
敢地踏上了这满是旋涡、惊涛骇浪的仕途，这说明他心中的
济世之志此时尚未完全熄灭，他感觉这是一个实现抱负的绝
好机会，因此他不愿意放弃。

二

　　在一个晴朗的早晨，晨曦熹微，远山如黛，翟氏为陶渊
明整理好了行装。陶渊明和一家老小依依作别，最后看了一
眼沐浴在春煦中的田园，转身离去，登上了赴京口上任的小
舟。往昔的生活经历使他对官场的黑暗已经有了十分深切的

了解，而自少年便有的报国之志亦未能忘，在临近目的地的曲阿，他写下了一首诗，记录下了彼时复杂的心情：

> 弱龄寄事外，委怀在琴书。
>
> 被褐欣自得，屡空常晏如。
>
> 时来苟冥会，宛辔憩通衢。
>
> 投策命晨装，暂与园田疏。
>
> 眇眇孤舟逝，绵绵归思纡。
>
> 我行岂不遥，登降千里余。
>
> 目倦川途异，心念山泽居。
>
> 望云惭高鸟，临水愧游鱼。
>
> 真想初在襟，谁谓形迹拘？
>
> 聊且凭化迁，终返班生庐。

——《始作镇军参军经曲阿作》

陶渊明自少年时就对世俗事务毫无兴趣，倾心于琴书之中，虽然生活穷苦，却也怡然自得。此话不假，颜延之的《陶征士诔》也说他"弱不好弄，长实素心"。

为什么陶渊明会接受镇军参军的职务呢？因为有时候，机会和命运会在不经意间降临，人无法预见它们的到来，但也无法拒绝它们的邀请。既然如此，那就不必与命运抗争，不妨顺其自然，暂时游憩于仕途之中。就像马车不可能永久停在通衢大道上，只是暂时的小憩。离开田园也不过是暂时的决定，既不主动迎接，也不故意回避，而是任其自然发生。

抱着随顺自然、不与时忤的宗旨和暂仕即归的打算，陶渊明登上小舟，从悠闲、宁静、平和的山村划向充满险恶风波的仕途。刚出发时的心情也许还比较平静，但随着行程渐远，陶渊明思归的心绪也就越来越浓。

从浔阳到曲阿，路程已经超过了千里。沿途既有壮丽的长江，也有清澈的小溪。既有高耸入云的庐山，也有蜿蜒盘曲的钟山，真是美不胜收。然而，面对如此美景，酷爱大自然的陶渊明却感到"目倦"，其实这也从一定程度上反映了他对仕途的"心倦"。

此时，陶渊明的思归之情达到了顶点。刚出发时的豁达心境已经被后悔取代。他甚至看到飞鸟和鱼都会心生愧疚，觉得它们能够自由自在地在天空翱翔，在河中游乐，自己却违背了本性，踏上了仕途，让自己的心灵和行动都受到了无形的束缚。

陶渊明在美景中越来越感到仕途的沉重与无奈，他渴望回归田园，找回那份宁静和自由。他的思绪在旅途中愈发清晰，对自然的向往和对仕途的厌倦交织在一起，使他更加坚定了归隐的决心。

道家云"养志者忘形"，只要心是自由的，身体在何处，都无所谓。这里是诗人的自我安慰：我没有为形迹所拘，我是在鼓励自己，我不会为形迹所拘！表面上理直气壮的反诘，其实是陶渊明为了求得心理平衡，为了从后悔情绪中挣脱出来而对此次出仕的重新肯定。

出仕与归隐的激烈交战，在陶渊明心里曾上演过无数次，这一次，陶渊明终于从旅途的懊悔心情中笃定仕宦实非自己本性所愿，也悟出自己愿过隐居生活的本性并未丧失。但既然时机来与自己冥会，那就姑且随顺时运的变化向前走去，不过将来终将还是要返回田园的。

三

然而，这一次的情况比陶渊明预料的还要差，他对刘裕失望了，于是不到一年时间就辞去了镇军参军的职位，离开了刘裕。具体原因已经无法考证，只知道在陶渊明做镇军参军的这一年里，刘裕主要做了一件事情，即彻底消灭桓玄及其余党的势力。

在这个过程中，刘裕的地位日益提高，权势也日益强大，不是刘裕嫡系的人在刘裕身边的处境之难可想而知。就连刘裕原先的上司刘牢之的儿子、在战场上替刘裕解过围的刘敬宣都深感自危，更何况桓玄的旧部陶渊明呢。

也可能是因为此时的刘裕尚无暇顾及文治，陶渊明的能力无处施展。刘裕的注意力主要在军事上，而陶渊明虽身居参军的高位，但在军事方面可能并无太多天赋，他一定会有冷遇之感。本来在出发的路途中，陶渊明就已经出现后悔的情绪，再加上他性情刚直，不愿与世俗同流，抽身离开是非之地，也是顺理成章的选择。

刘敬宣是刘牢之的儿子，曾与父反桓玄失败后四处奔波。元兴三年（404年），他受到刘裕的召见，被任命为辅国将军和晋陵太守。然而，刘敬宣深知自己不是刘裕的嫡系，加之他北府旧将的身份，让他不得不时刻提防刘裕的猜忌。因此，当刘裕任命他为建威将军和江州刺史时，他心中充满了忧虑，曾一度请辞。

陶渊明没有权力的欲望，适合去建康与刘裕斡旋，解除刘敬宣的担忧。他奉命前往建康，途中经过风光秀丽的钱溪，三月的和煦阳光洒在他疲惫的身上。陶渊明深知此行的重要性，但更期待早日完成使命，回归他心心念念的田园生活。

> 我不践斯境，岁月好已积。
>
> 晨夕看山川，事事悉如昔。
>
> 微雨洗高林，清飙矫云翮。
>
> 眷彼品物存，义风都未隔。

伊余何为者，勉励从兹役？

一形似有制，素襟不可易。

园田日梦想，安得久离析？

终怀在归舟，谅哉宜霜柏。

——《乙巳岁三月为建威参军使都经钱溪》

陶渊明很久没有到过钱溪了，这次重游让他感慨万千。这些年，世间因为欲望而充满钩心斗角和尔虞我诈，自然界却依然一片静好，高林在微雨后更加青翠，鸟儿在清风中自由翱翔，自然万物都在享受着春风的滋养，生机盎然。

陶渊明不禁自问：我在做什么？为什么要这样风尘仆仆地奔波？陶渊明的这种自责之情正是因为看到钱溪的美景和人们安乐的生活而产生的。他虽然身在仕途，心中却始终怀揣着归隐田园的梦想。他的决心就像不怕严寒的柏树一样坚定。

果然，三月赴京为刘敬宣上表归来后，陶渊明便辞去了参军的职务，真正回到了他心心念念的田园生活。

彭泽挂印

一

晋安帝义熙元年（405年），陶渊明弃官归家已有五个月了，原本想归隐田园，隐居终老，无奈连年的兵荒马乱和自然灾害，他的日子过得很艰难。看着茅屋里五个儿子以及妻子面黄肌瘦的模样，陶渊明于心不忍，心生愧疚。辞官归家，是顺了自己的性情，自己是不怕受苦的，但家人是无辜的。

当时，陶渊明的叔父陶夔在朝廷担任太常，负责国家的祭祀礼乐，是一位三品高官。陶家的后代虽然无法再现祖上的辉煌，但像陶渊明这样落魄的人也实属罕见。陶夔实在看不下去，于是再次劝说陶渊明出去做官，挣钱养家。为了妻儿生计，陶渊明最终同意，赴任彭泽县令。

如果说过去陶渊明出去做官是为了实现儒家"立功立德立言"的人生理想，那么这一次，则是迫于生计上的压力与无奈。

彭泽是一个小县，距浔阳只有百余里的路程，彭泽县令也只是个七品芝麻官。陶渊明自己说，他愿意在此做官，主要是因为离家近，而且"公田之利，足以为酒"。县衙属下有三百多亩公田，这些公田的使用权由县令执掌，公田种黍米，黍米可以酿成美酒，这对于喜欢喝酒的陶渊明来说，是很有诱惑力的。

公田里该种黍米还是粳稻，陶渊明和妻子翟氏有不同意见。翟氏有种田的经验，她来到公田规划来年的播种，可以想象，此时她是幸福的。

八月的秋天，天空晴朗，云淡风轻。丈夫远离了政治漩涡，在离家不远的地方做了个没有危险的小官，足以保障一家人的温饱。

官道尽头，马车缓缓停下，小吏掀开帷幕，陶渊明探出头来，官帽随意地歪在头上，他沿着田埂朝妻子走去。夫妻俩商量，决定黍米和粳稻各种一半，这样既满足了陶渊明的好酒之乐，也保证了一家人的口粮。

翟氏畅想着今后的平静生活，悠闲地走在田埂上。秋风吹乱了她的鬓发，她仰起脸，让尚未老去的脸庞沐浴在秋日的暖阳中，心中满是对未来的憧憬。

陶渊明的心情却是无奈的，他心中追求的田园生活在残酷的现实下再次破灭。彭泽水网稠密，土地肥沃，很适合庄稼的生长。田野里花繁树茂，倒映在星罗棋布的湖泊沼泽中。农人们扛着锄头，提一壶粗茶，站在田间地头聊着庄稼的长势，憧憬着秋天的丰收。身体忙碌而心里自有一份闲适，这就是自己理想中的生活。

陶渊明怅然若失地回到县衙门口，门口的石狮张着巨口，黑黝黝的门洞仿佛想要将他吞噬。他感觉自己像一只鸟，为了一点饵食，便甘愿自投罗网，囚在笼中。他默默对自己说，为了家人和孩子能够平安渡过这青黄不接的难关，再坚持一年吧，一年之后的秋天，田里的庄稼该成熟了，等到那时就收拾好行装回家，和家人一起收割。

二

一转眼，他在彭泽县令的职位上干了80余天。一天，州郡派遣一名督邮来彭泽县检查工作。督邮是代表太守督察县乡工作的官员。说来也巧，陶渊明的曾祖父陶侃早年在孝廉范逵的引荐下，得到了一个郡里的官职，也是督邮。

东晋末年，官府对百姓的盘剥如狼似虎，督邮在秋季至年末下乡巡视，常常是来催缴租税的。这些督邮仗着郡太守狐假虎威、欺下瞒上，个个都会借着这个机会索要贿赂，这几乎是一条不成文的规定，因此，为了保住头上的乌纱帽，没有人惹得起这些督邮。

县衙小吏对陶渊明说："您应该穿戴整齐，束上衣带去拜见上差。"这句话，点燃了陶渊明心底对昏庸朝政郁积已久的怒火。这愤怒，不仅仅是因为区区一个督邮，而是整个政坛，它已经彻底腐烂了！军阀贵族篡国，乡县小吏谋私利，这个国家看不到一点希望。自己不能匡时济世，如今却还要向一个小吏点头哈腰。

陶渊明感慨道："吾岂能为五斗米折腰向乡里小儿。"于是他立即辞官。这句话是中国历史上的名言，这个故事也是中国历史上著名的逸闻之一。

陶渊明回到后堂，默默地脱下了身上的官服，仿佛褪去了身上的枷锁。他迈出了官衙，走向了田垄，如同困囿多年的鸟儿，逃脱外表华丽而内在腐朽的樊笼，重返日夜思念的森林。

终于，陶渊明将多年内心里出仕与归田的交战画上休止符，平静地准备起辞官事宜。他在心里憧憬着归田的生活：还有一些田地在荒野里，回去便开垦出来，一家人便不会挨饿了。日出而作，日落而息的生活是他喜欢的，伴着晨曦走向阡陌纵横的田地，沐浴着夕阳的余晖归家，远远看见袅袅炊烟已经升起，几个孩子在堂前屋后采桑斗狗。有时间了，再去探望一下妹妹，两人各自为了生活而忙碌奔波，已经很久没见面了。

可就在这时，一个惊天的噩耗传来了：他最心爱的妹妹，竟然在一场大病中毫无征兆地逝去了。上天竟然再次降下灾祸，将他的骨肉至亲毫不留情地带走了。陶渊明不禁伏地号哭，泣血盈目，萧瑟的风吹拂着他两鬓的白发，此时的他，因悲伤而麻木，再也无法感受那风中饱含的对他的怜悯与安慰。尽管冬天的风霜未曾到来，陶渊明的心里却正在经历着痛苦的煎熬。

于是，这件事成了陶渊明辞官归隐更为直接的原因，前去吊丧的心情迫切得如同奔驰的骏马，他抛下官印，朝着妹妹的方向，扬长而去。

三

有意思的是，陶渊明自己在描述辞官的原因时，并没有提到这些。在他辞官后，即农历十一月，他写下了一篇《归去来兮辞》。在这篇文章的序言中，他详细说明了他出仕的动机和辞官的缘由。

> 余家贫，耕植不足以自给。幼稚盈室，瓶无储粟，生生所资，未见其术。亲故多劝余为长吏，脱然有怀，求之靡途。会有四方之事，诸侯以惠爱为德，家叔以余贫苦，遂见用于小邑。于时风波未静，心惮远役，彭泽去家百里，公田之利，足以为酒。故便求之。及少日，眷然有归欤之情。何则？质性自然，非矫厉所得。饥冻虽切，违己交病。尝从人事，皆口腹自役。于是怅然慷慨，深愧平生之志。

犹望一稔，当敛裳宵逝。寻程氏妹丧于武昌，情在骏奔，自免去职。仲秋至冬，在官八十余日。因事顺心，命篇曰《归去来兮》。乙巳岁十一月也。

——《归去来兮辞并序》节选

大概的意思是说：我家里很穷，种地也不够养家糊口。孩子又多，米缸里也没有存粮，生活所需无从保障。亲戚朋友们纷纷劝我去当个小官，我心里也想着试试，但找不到合适的机会。正好赶上多事之秋，诸侯们以仁爱为德行，我的叔叔看到我贫困，就推荐我到一个小县城当官。当时局势未稳，我不想远离家乡，而彭泽离家只有百里，作为俸禄的公田的收成足够让我有酒喝，所以我就去了。

可是没几天，我就又萌生了归隐的念头。为什么呢？因为我天性喜欢自然，不愿意勉强自己。虽然穷困寒冷让我难受，但违背自己的心意更让我痛苦。我试着去做官，但发现这只是在为口腹劳作罢了。因此我感到惆怅和慨叹，深感愧对自己一生的志向抱负。想着干满一年，就收拾行囊离开。

正好那时嫁给程氏的妹妹在武昌去世，我心急如焚地赶去奔丧，便辞去了职务。从仲秋到冬天，我在任上待了80多天。辞官归隐顺应心意，所以写下了这篇《归去来兮辞》。时值乙巳年十一月。

在为妹妹服丧十八个月之后，陶渊明仍然心情悲恸，无法释怀，他用了卿大夫规格的少牢之礼前去祭奠妹妹，怀着深切的哀思写下了感人肺腑的《祭程氏妹文》：

维晋义熙三年五月甲辰，程氏妹服制再周。渊明以少牢之奠，俯而酹之。呜呼哀哉！

寒往暑来，日月寝疏，梁尘委积，庭草荒芜。寥寥空室，哀哀遗孤。肴觞虚奠，人逝焉如！

谁无兄弟，人亦同生，嗟我与尔，特百常情。慈妣早世，时尚孺婴，我年二六，尔才九龄。爰从靡识，抚髫相成。咨尔令妹，有德有操。靖恭鲜言，闻善则乐。能正能和，惟友惟孝。行止中闺，可象可效。我闻为善，庆自己蹈，彼苍何偏，而不斯报！昔在江陵，重罹天罚，兄弟索居，乖隔楚越。伊我与尔，百哀是切。黯黯高云，萧萧冬月，白雪掩晨，长风悲节。感惟崩号，兴言泣血。

寻念平昔，触事未远，书疏犹存，遗孤满眼。如何一往，终天不返！寂寂高堂，何时复践？藐藐孤女，曷依曷恃？茕茕游魂，谁主谁祀？奈何程妹，于此永已！死如有知，相见蒿里。呜呼哀哉！

人生海海

义熙元年（405年）的冬天，陶渊明在彭泽任上解绶而去，从此永诀官场，归隐园田。

陶渊明自晋帝隆安二年（398年）开始入桓玄幕，到晋安帝义熙元年（405年）辞官彭泽令，期间几次出仕，几次归隐，历经八年。

这八年正是东晋末年政局最为动荡的时期。陶渊明不早不晚，偏偏选择在这个时期出仕，主动投入政治风云最汹涌的旋涡，先后入桓玄、刘裕、刘敬宣三人的军幕，奔波劳役，最终却弃官归田，贫病终老，引人深思。

晋宋之际，荆州兵和北府兵居于举足轻重的地位。荆州位于长江中游，地处南北交通要道，经济富饶，历来是兵家聚集之地。荆州的镇军将领凭借地理、军事、经济三方面的优势，往往威逼居于下游的都城建康，并伺机篡位。

《通典·州郡典》曰："荆楚风俗，略同扬州，杂以蛮左，率多劲悍。南朝鼎立，皆为重镇。然兵强财富，地逼势危，称兵跋扈，无代不有。"东晋一代，王敦、桓温、殷仲堪、桓玄，都是据守荆州，手握强兵，会威胁乃至篡夺王位的大军阀。

与荆州军阀势均力敌的另一股力量是北府兵。这原是一支由谢安募集南徐州和南兖州的北来侨户而编成的一支新军，为了加强长江下游的军事力量，北抗秦兵，西防荆州兵，最终拱卫建康。孝武帝太元二年（377年），以谢安侄子谢玄为南兖州刺史负责此事，谢玄募集骁勇之士，得刘牢之等数人，封劳军为参军，常常领着精锐的干将作为前锋，战无不胜，号称"北府军"。

南兖州军府原来在京口（今江苏省镇江市），谢玄移至广陵（今江苏省扬州市）。孝武帝太元八年（383年），北府兵取得淝水之战的胜利，实力和名声大振，成为东晋政局中一支举足轻重的力量。

陶渊明出仕做官，不到别处，恰恰加入了荆州军府桓玄幕，发现桓玄有篡夺王位的野心便辞官归田。接着他加入了北府旧将刘牢之的儿子刘敬宣幕中，这并非偶然，在东晋政局最动荡的时候，陶渊明选择了最足以影响东晋政局的两个军府，这说明他对于政治是关心的，并且想施才骋志，实现心中的匡时济世的理想，亲老家贫只是出仕的一个原因。这八年并非他最贫穷的时候，也并没有穷到非出仕不可的地步，要出仕也不一定非要往政治斗争的旋涡里跳。

荆州的桓玄和北府的刘裕是动荡时局的主导人物，陶渊明在桓玄幕府至少有两年，曾为桓玄出使京都，后来在家守孝刚满三年就东下奔赴京口做了镇军将军刘裕的参军。任刘敬宣参军时，他又为之进京上表。这都不是一般的任务。

参军一职始自汉末，曹操以丞相总揽军政，其僚属往往用参丞相军事的名义。此后自南北朝，但凡诸王及将军开府，都会招揽参军作为幕僚。晋宋之际，王导曾参东海王越军事，陶渊明的祖父陶侃曾是江夏太守，后又加为督护。母亲去世，陶侃去职服丧结束，参东海王越军事，后江州刺史华轶上表举荐为扬武将军。一个做过将军的人可以再做参军，做了参军又升为将军，可见参军的重要性。

陶渊明身为参军，是可以有很多升迁机会的，如果继续坚持，他可以身居高位，成为当时社会的既得利益者。可陶渊明毅然决然地离开了官场。

究其原因，第一，仕宦生活不符合陶渊明崇尚自然的本性。他看不惯仕途中种种篡乱、狡诈的行径，不愿意违背本性以换取高官厚禄，他习惯了田园的平静，难以适应官场的约束和形役的重压，官场不符合陶渊明的"性"。第二，桓玄和刘裕都不值得陶渊明为之效力，他无法融入仕途生活。这并非陶渊明的错，而是因为当时的政坛太过于污浊和腐败，陶渊明以为跟随着他们可以乘风破浪，扶大厦于将倾，却没想到政坛是一摊烂泥。他们之间互相倾轧不过为的是一己私利。陶渊明修齐治平的志向过于高远，黑暗腐朽的乱世官场不仅有悖于他的"性"，而且配不上他的"志"。

所以，陶渊明永远地离开了官场，此时，距离晋朝灭亡还有15年。陶渊明本性恬静，但毕竟也像封建时代许多士大夫一样，怀着建功立业的壮志。在晋末政治最动荡的时期，他自愿投身其中，尽了自己最大的努力。在陶渊明知道自己所做的事已无法挽救晋朝的时候，才毅然归隐。他在政治斗争中不是一个风云人物，但也担任过举足轻重的官职。

仅仅用亲老家贫解释陶渊明的出仕，是不够深刻的，仅仅用生性恬淡解释他的归隐，也是不全面的。陶渊明在政治旋涡里上下沉浮，他的出仕与归隐都和政局息息相关。只有把他放到晋宋之际的政治风云中，才能看到一个真实鲜活的陶渊明，才能看出他浑身静穆之后的金刚怒目、淡泊背后的幻想、洒脱背后的彷徨。

对于陶渊明的辞官归田，亦官亦隐的王维无法理解，他讽刺道："近有陶潜，不肯把板屈腰见督邮，解印绶弃官去。

后贫，《乞食》诗云'叩门拙辞言'，是屡乞而多惭也。尝一见督邮，安食公田数顷。一惭之不忍，而终身惭乎？"在终南山修建豪华别墅舒适隐居的他，认为陶渊明应该用官场的一次低头换取下半生的衣食无忧，也不至晚年沦落到向村民讨饭的地步。

一生历尽宦海浮沉，同样饱经沧桑的苏轼则将陶渊明视为跨越时空的知音，对于陶渊明的屡仕屡隐，他表示深深的理解与赞叹："欲仕则仕，不以求之为嫌；欲隐则隐，不以去之为高。饥则叩门而乞食，饱则鸡黍以迎客。古今贤之，贵其真也。"他在《江神子·乃作斜川诗》中写道："梦中了了醉中醒。只渊明，是前生。"提到陶渊明，他永远是学生的口吻："渊明吾师""欲以晚节师范其万一"。

如果生在政治空气稍微自由的时代，陶渊明应该会像苏轼一样顺利入仕吧，他会是一个好官，如他的祖父一样"直方二台，惠和千里"。

苏轼为官期间，虽几遭贬谪，仍勤勉执政。他曾在徐州治理洪水；在杭州赈济百姓，修建苏堤；在儋州办学堂，介学风。他受到百姓深深的崇敬。离世后，苏轼被宋高宗追赠太师，被宋孝宗追谥"文忠"，实现了少年时期的陶渊明兼济天下的理想。苏轼的爱民忧民，陶渊明有，苏轼的旷达和才华，陶渊明也有。而陶渊明很不幸，终其一生都未有机会实现抱负。

被称作"人中之杰，词中之龙"的辛弃疾，在他的词作《水龙

吟·老来曾识渊明》中，表达了对陶渊明老来辞官归隐之
"不得已"的深切共鸣和怅然悲叹：

> 老来曾识渊明，梦中一见参差是。觉来幽恨，
> 停觞不御，欲歌还止。白发西风，折腰五斗，不应
> 堪此。问北窗高卧，东篱自醉，应别有，归来意。
>
> 须信此翁未死，到如今凛然生气。吾侪心事，
> 古今长在，高山流水。富贵他年，直饶未免，也应
> 无味。甚东山何事，当时也道，为苍生起。
>
> ——《水龙吟·老来曾识渊明》

辛弃疾驱驰战马、奔波疆场，筹划抗金、收复故土的年
轻时代，与脱离尘嚣、回归自然的陶渊明大概是无缘的，而
在他受到压抑与排斥、壮志难酬的老年时代，有了"相识渊
明"的机会。

一觉醒来觉得满腔遗憾与忧愤，放下酒杯，想放声地高
歌，为自己，也为渊明。可是还是唱不出来，山河破碎，壮
志难酬，人生在世，诸多不得已，全都在内心千回百转地盘
旋，难以释怀。

辛弃疾老了，茕茕孑立，肃杀的秋风吹落黄叶，也吹乱
他满头的白发。最后一次解绶而去的渊明也已老去。一个男

人，在年少的时候尚且可以受点委屈，所谓大丈夫能屈能伸，蛰伏一时，将来也许能飞龙在天。可如今已是白头老翁，面对着肃杀的西风，难道还要去出卖自己，为了俸禄而侍奉贪官污吏？高洁如渊明，怎堪如此屈辱！

夏天在北窗前高卧乘凉，秋天在东篱旁自醉自醒。辛弃疾懂得，陶渊明的归隐有更深的意义含在其中，绝不仅是为了逸致闲情，更是因为深深的不得已。

他沉痛地说：深信这位先哲并未死去，到今天仍是一身正气，凛然如生。我们虽然相隔古今却心事相同，有着同样的匡时济世的理想。可我们的心事又有谁知道呢？高山流水，我与你阴阳相隔，却灵犀相通，可谓是千古知音。如果有一天我难免出来做官，并不是为了富贵；为什么隐居东山的谢安又要出仕？只不过是为了世上苍生。我相信你也懂我吧。

应该说，这是一曲悲歌，是一位曾经有过崇高的理想、执着的追求、艰苦的奋斗，最终却又彻底失败的志士才能唱出的悲歌，是一曲大英雄的悲歌。

我们应庆幸陶渊明的归田，田园在没有陶渊明之前，不过是草莽之山，荒漠之地，很少有人将日常的乡村事物纳入审美。南朝谢灵运著名的诗句"池塘生春草，园柳变鸣禽"，写的也不是乡村，而是贵族的园林。至于柴门、桑麻、鸡鸣、狗吠，也从来没有人发现它们的美，《诗经》里的鸡鸣，不过是民歌的纪实，只为反映民情，还谈不上真正的审美。

　　田园有幸等到了陶渊明，他默默书写着他眼中的田园之美，哪怕并不为当时的文人士大夫所欣赏，甚至被嘲笑大煞风景，降低了诗的审美门槛。但是陶渊明仍默默书写，因为他写诗并不为取悦他人，只不过是抒发内心感受的一种"自娱"，没想到这不经意的"聊以自娱"却成功地将"自然"提升为一种美的至境。他让我们看到了美在田园、自然、大道的运行。"天地有大美而不言"，在陶渊明的诗里，我们却听见了天地万物的呢喃。

第五章

归隐田园，爱恨离别

经历了20余年的辗转漂泊和内心的痛苦交战，陶渊明终于找到了答案，决定永归田园。在山河岁月的洗礼中，他终于明心见性，找回了自然而本真的自己。他将在自然的大化中纵浪，无忧无惧，追寻心灵的自由与宁静……

归园田居

一

晋安帝义熙二年（406年），陶渊明举家从浔阳市廛搬回了郊外的田园。

陶渊明自从离开家乡去教书、做官，经历多年，到现在终于归家。久别重逢的田园，变得更加宽广而安静，他的心情也轻松了许多，诗意自然就涌上心头。农忙之余，他喜欢在窗下小酌，胸中的感慨便化作了《归园田居》。这组诗真实地记录了他在田园里居家、交友、劳作、闲游和自得其乐的生活情景。

少无适俗韵，性本爱丘山。

误落尘网中，一去三十年。

羁鸟恋旧林，池鱼思故渊。

开荒南野际，守拙归园田。

方宅十余亩，草屋八九间。

榆柳荫后檐，桃李罗堂前。

暧暧远人村，依依墟里烟。

狗吠深巷中，鸡鸣桑树颠。

户庭无尘杂，虚室有余闲。

久在樊笼里，复得返自然。

——《归园田居·其一》

如果说《归去来兮辞》表达了陶渊明辞官归隐的决心，那么《归园田居》则更深入地展示了他的田园生活，以及在那样的生活中，他思想的深刻变化。

陶渊明时常回忆少年时光，这并不是他第一次追忆过去。他还曾写道："弱龄寄事外，委怀在琴书，被褐欣自得，屡空常晏如。""含欢谷汲，行歌负薪。""少学琴书，偶爱闲静，开卷有得，便欣然忘食。见树木交荫，时鸟变声，亦复欢然有喜。"

追忆过去，是对往事的一种美好回味，也是对自己心灵的一种安慰。或许，年轻时的陶渊明早已在晴耕雨读中领悟了生活的真谛。物质上清贫，精神上却富足快乐。这些回忆不断提醒他对虚伪和名利的警惕，让他始终保持一颗纯真的心。

"误落尘网中，一去三十年。"陶渊明这么纯真，为什么还会陷入世俗的网？因为在红尘滚滚中，人的本性很容易被遮蔽。陶渊明生在田园，天性向往自然，喜欢"园林无世情"。但他从小接受儒家教育，和当时大多数的士大夫一样，有"修身齐家治国平天下"的政治理想。少年时，他也有过豪情壮志和出仕之心："少时壮且厉，抚剑独行游。谁言行游近？张掖至幽州。""忆我少壮时，无乐自欣豫。猛志逸四海，骞翮思远翥。"

德国哲学家恩斯特·卡西尔曾说："认识自我是实现自我的第一条件。"每个人都是随着自我认识的不断加深而逐渐成为自己。对于陶渊明来说，"猛志逸四海"和"少无适俗韵"哪一个才是他的初心？年轻时的他还无法清晰认知。正是这种自我认识的矛盾，让他在生活中有了冲突和挣扎，经历了漫长而激烈的"五仕五隐"。

二

年轻时，陶渊明身处复杂的社会，政治风向也常让他摇摆不定。那时，他还没完全清楚自己内心真正想要的是什么，自然就少了坚定的主张。没有主见，就容易随波逐流。作为官宦家庭的孩子，走仕途的道路是自然而然的，陶渊明满腹经纶，想在社会上闯出名堂，就得步入官府。为了养家糊口，让家人过上好日子，做官不失为一个好的办法。所以，陶渊明不得不放下些个人喜好，在官场里摸爬滚打。跟那时候的很多人一样，他也曾对功名利禄满怀憧憬，梦想驾着名车骏马，风光无限。

入仕之前，对功名的热情和偶爱闲静的心性在陶渊明内心的天平上等量同观，他认为自己有匡时济世的志向和能力，也有"园林无世情"的情怀。此时的陶渊明还没有真正认识到"少无适俗韵，性本爱丘山"才是自己的清净本心。

好在人生的每一步路都不会白走，每一次出仕，都加深了陶渊明对自我的认识，在一次次"违己"以迎合官场的痛苦经历中，他才逐渐明了心，见了性。终于，陶渊明从樊笼里挣脱，展翅高飞，从泥潭中跳出，遨游于江河。

陶渊明又重新做回了农民，他清早到南边的原野里去开荒，依着愚拙的心性回家耕种田园。田园虽不富丽堂皇，却有榆树柳树的绿荫笼罩于屋后，桃花李花也竞相开放于堂前，素淡与绚丽掩映成趣。

"狗吠深巷中，鸡鸣桑树颠"立刻让这幅美丽的田园画生动起来。这两句诗出自乐府诗歌《鸡鸣》中的"鸡鸣高树颠，狗吠深宫中"。但陶渊明并不是为了炫耀学识，而只是随手拈来的。他没有写虫鸣鸟叫，而是选择了再普通不过的鸡鸣狗吠，因为这些声音最能代表农村的生活，整个画面也最和谐。在这些隐隐约约的声音中，我们仿佛看见了《老子》描绘的那种"小国寡民"的理想乡村社会。

陶渊明好像带着我们在他的田园里参观了一番，向我们一一介绍：田亩、草屋、榆柳、桃李、远村、炊烟、狗吠、鸡鸣……这些平平常常的景物，一经陶渊明抒写，便增添了无穷的情趣。

做官时，总免不了做很多自己不喜欢的事，还要应付各种无聊的社交。现在，陶渊明彻底摆脱了这些烦恼，在宁静的家中过得很悠闲。不过，最让他开心的，不只是这种悠闲的生活，而是终于能按照自己的意愿过日子。

三

"久在樊笼里，复得返自然"中的"自然"不仅指的是自然环境，也意味着顺应本性、无拘无束的生活。《归园田居》从对官场生活的强烈厌倦，写到田园风光的美好和新生活的愉快，一种如释重负的心情自然地流露了出来。

野外罕人事，穷巷寡轮鞅。

白日掩荆扉，虚室绝尘想。

时复墟曲中，披草共来往。

相见无杂言，但道桑麻长。

桑麻日已长，我土日已广。

常恐霜霰至，零落同草莽。

——《归园田居·其二》

独处在空室中，不生杂想，那道虚掩的柴门，那间幽静的居室，已经把尘世的一切喧嚣、一切俗念都远远地摒弃了。庄子说"虚室生白"，"室"指的是心，"白"指的是"道"，心无任何杂念，道则自然显现，这便是澄明之境吧。陶渊明时不时到远处的村庄去，乡民互相来往，见面从不谈论尘世，只讨论桑麻生长的情况，这种交往流露着一种古朴淳厚的情味。

从今天起，陶渊明做起了只关心粮食和蔬菜的人。庄稼一天天生长，新开辟的田地越来越多，令人喜悦。农民生怕自己的辛勤劳动因为自然的霜霰毁于一旦，心怀恐惧。然而，这里的一喜一惧，并非尘想杂念。相反，这单纯的喜惧正反映着陶渊明曾经历过乡居劳作的洗涤，让他的心灵变得更加明澈了。

陶渊明并非只是一个妙赏田园的诗人，他也是个亲自耕种的农民，全家的生存要靠他扛起来，他深深地体会到了劳作的辛苦。

种豆南山下，草盛豆苗稀。

晨兴理荒秽，带月荷锄归。

道狭草木长，夕露沾我衣。

衣沾不足惜，但使愿无违。

——《归园田居·其三》

陶渊明的可贵之处在于，他不仅从外部欣赏田园，还身在田园之中且深深热爱着它。

罗曼·罗兰曾说："世界上只有一种英雄主义，就是在看清生活的真相之后仍然热爱生活。"陶渊明就是这样的例子。尽管他经历了劳作的艰辛和生存的困苦，他依旧热爱田园生活。在他眼中，劳作不仅仅是辛苦，还有带着月亮回家的诗意。

作为"少学琴书"的士人，陶渊明下田劳作自然缺乏经验，导致"草盛豆苗稀"也就不奇怪了。然而，这并没有让他灰心丧气或抱怨连连。他从早到晚都勤勤恳恳地在田里铲除杂草，乐此不疲。为了不违背自己隐居田园的理想，陶渊明不怕农活的辛苦，再苦再累也不退缩。所以，露水沾湿衣裳这样的事，更不会成为他的烦恼。

> 久去山泽游，浪莽林野娱。
>
> 试携子侄辈，披榛步荒墟。
>
> 徘徊丘垄间，依依昔人居。
>
> 井灶有遗处，桑竹残朽株。
>
> 借问采薪者，此人皆焉如？
>
> 薪者向我言，死殁无复余。
>
> 一世异朝市，此语真不虚！
>
> 人生似幻化，终当归空无。
>
> ——《归园田居·其四》

自从去做官，陶渊明已经很久没有在广阔的林野中游玩了。于是，他带着子侄们走向山林，与大自然深度融合，无尽畅快。拨开草木，徘徊在荒野墓地间，依稀认出旧居。房屋的水井炉灶还有遗迹，桑竹残存枯干。陶渊明上前询问砍柴人："这里过去的居民去哪里了？"对方回答："全都去世了，已无后人了。"

在这里，今与昔，生与死交汇，陶渊明感叹"人生似幻化，终当归空无"。我国哲学家、思想家冯友兰在《论风流》里赞叹陶渊明的诗展现了最高的玄心、最大的风流："真正风流的人有深情，但因其亦有玄心，能超越自我，所以他虽有情而无我。"陶渊明的这些感慨在这里得到了验证。

然而，这种空幻感并没有让陶渊明消极，相反，他意识到余生珍贵，决定"珍重此生"。这也是他及时归田的重要原因。

怅恨独策还，崎岖历榛曲。

山涧清且浅，适以濯吾足。

漉我新熟酒，只鸡招近局。

日入室中暗，荆薪代明烛。

欢来苦夕短，已复至天旭。

——《归园田居·其五》

离开废墟时，陶渊明心中仍有怅恨。当他经过清澈的山泉时，洗去了尘埃，心中的怅恨也就随之消散了，浑身变得舒坦自在。与"沧浪之水浊兮，可以濯我足"不同，陶渊明用清泉洗足，这也体现了他"贵生"的态度。不管世道如何，他决定善待自己。

他滤新酿的酒，杀鸡招待近邻。太阳一下山，屋子变暗，他没有蜡烛就用薪火代替，欢笑中只嫌夜短，不知不觉又是旭日临窗。这种生活如同秉烛夜游，及时行乐。余生短暂，快乐无须外求，平凡生活中自有乐趣。

《归园田居》这组诗从不同层面反映了陶渊明归隐后的田园生活。经历几十年的自我探索，陶渊明已经深刻体悟了自我。归耕田园，是他完成自我实现的生命旅程。正如古希腊哲学家苏格拉底所说："未经省察的人生不值得一过。"陶渊明在澄明的心境下，居家、交往、劳作、野游、行乐，这些都是他心之所愿的生活，是他理想中的人生。

酒中之趣

　　雨天是上天给农人的假期。连日阴雨的天气，陶渊明独自坐在窗前，远方的山峰在雨中若隐若现。身体闲了下来，内心却陷入了孤独的沉思，还好有酒相伴。

　　陶渊明喜爱饮酒，甚至把酒抬高到了和自己生命同等重要的地位。他在《读山海经》中感叹"在世无所须，唯酒与长年"，在《五柳先生传》中遗憾于"家贫不能常得"，在《拟挽歌辞》中断言自己死后也会因在世时"饮酒不得足"而抱恨。

　　在陶渊明现存的142篇诗文中，有近60篇直接或间接地涉及了饮酒的内容，引得后人评价："陶渊明之诗，篇篇有酒。"

　　梁太子萧统善意地为陶渊明的嗜酒开脱："吾观其意不在酒，亦寄酒为迹者也。"也就是说，陶渊明的饮酒的乐趣并不在于酒本身，而是借饮酒达到一种境界。陶渊明自己也在《饮酒·其十四》

中写下"悠悠迷所留，酒中有深味"这样的诗句。

"性嗜酒"在魏晋并非仅见于陶渊明，"竹林七贤"个个都"肆意酣畅"，其中阮籍、刘伶诸人更是以酒为命，纵酒成癖。

《晋书》记载，刘伶常常乘坐鹿车，手抱一壶酒，命仆人提着锄头跟在后面，并说："如果我醉死了，那么就地把我埋了吧。"他的放浪形骸由此可见。

阮籍也是好酒之人。《晋书·阮籍传》记载，司马昭为了拉拢阮籍，想和他结亲。为避开此事，阮籍开始每天拼命饮酒，一连60天都不省人事。奉命提亲的人根本无法与他交涉，只好回禀司马昭，司马昭无奈地说："算了，这个醉鬼，由他去吧！"即便在母亲去世期间，阮籍也不改饮酒之习，甚至曾酒后吐血。

魏晋士人饮酒，一方面是为了避祸，另一方面则是因为政治黑暗，精神苦闷，生命意义迷失。在魏晋以前，儒学作为文人士大夫的精神支柱，强调"朝闻道，夕死可矣"的崇高追求，认为"志士仁人，无求生以害仁，有杀身以成仁"。然而，个体生命虽终有一死，"仁"与"道"的精神却能赋予生命以永恒的价值。

魏晋时期的现实十分残酷，将儒家的"仁""道"嘲讽得一文不值。陶渊明曾在诗中感叹："积善云有报，夷叔在西山。善恶苟不应，何事空立言？"得道大贤的命运尚且悲惨，普通人的下场更不堪设想。他在《感士不遇赋》中写道："坦至公而无猜，卒蒙耻以受谤。"仁人义士在人世间备受冷落，而那些奸佞小人却平步青云、春风得意。这种对比，深刻地反映了陶渊明对现实的无奈和失望。

儒家价值观崩塌后，玄学并未能在这片废墟上重建起令人信赖的权威性价值规范，因此也无法赋予个人存在以明确的目标。人们的灵魂失去了依托，顿感彷徨无措。虽然饮酒让阮籍得以避开政治纷扰，但是并未使他的内心得到长久的安宁，他常常毫无目的地驾车游荡。

刘伶终日烂醉如泥，内心总是狂躁不安。《世说新语·容止》记载，身长六尺的刘伶"悠悠忽忽，土木形骸"，他将自己的身体视作"土木"，这说明他深陷对生命无法掌控的无力感中。纵酒看似放浪不羁，实际上是对生命的肆意挥霍和糟蹋。表面上，他对生死满不在乎，内心深处却隐藏着无尽的悲哀。

魏晋醉客饮酒的目的与陶渊明大体相同，以饮酒"渐近自然"，找回生命的真谛，但他们最终通过饮酒而达到的生命境界远不及陶渊明。

陶渊明的饮酒方式与他人不同，他从未放纵或佯狂，反而在饮酒中保持冷静自得。《晋故征西大将军长史孟府君传》记载道："好酣饮，逾多不乱。至于任怀得意，融然远寄。"

通过饮酒，陶渊明找到了生命的本真，不仅没有造成身心分离，反而使他更加融入宇宙的节律之中。他的形与神更加契合，生命也因此更加充实和自在。

陶渊明在《饮酒·其七》中写道："秋菊有佳色，裛露掇其英。泛此忘忧物，远我遗世情。一觞虽独尽，杯尽壶自倾。日入群动息，归鸟趋林鸣。啸傲东轩下，聊复得此生。"他写出了一种旷远、清明的氛围。通过饮酒，陶渊明跳脱尘网，摆脱了声名、利禄、贵贱等俗念的束缚，他的生命因此返璞归真，获得了内心的安宁与欢喜。

陶渊明为什么要返回内在的自然？为什么要澄明生命之真？他在《连雨独饮》中记录了自己的哲思：

> 运生会归尽，终古谓之然。世间有松乔，于今定何间？故老赠余酒，乃言饮得仙。试酌百情远，重觞忽忘天。天岂去此哉？任真无所先。云鹤有奇翼，八表须臾还。自我抱兹独，僶俛四十年。形骸久已化，心在复何言。

万物变化无常，生命在时间的流逝中必然会消逝。这是每个人与生俱来的宿命，连传说中长生不老的松乔也无法逃避死亡。然而，有人声称酒能使人成仙，这让陶渊明感到诧异和怀疑。

通过饮酒，陶渊明释放了心头的杂念，与天地融为一体，达到了天人合一的境界。

陶渊明在酣饮之时，人与天地、物与我、瞬间与永恒融为一体，超越了生死的界限。在这样的境界中，陶渊明已无须为生死耿耿于怀。

正是由于陶渊明在畅饮时"任怀得意"坦露真性，才有可能在酒中臻于"融然远寄"同流大化的生命境界，魏晋饮者中只有他才深得酒中真趣。因此后人评价："千古饮酒人，安得不让渊明独步。"

在中国文学史上，是陶渊明率先让自己的诗与酒结下了不解之缘，将饮酒上升为与赋诗同样的艺术高度。

在陶渊明的酒杯中，我们看到的是他对世俗的超越，更看到了他对生命本质的深刻洞察。陶渊明通过饮酒，摆脱了内心的束缚，达到了与天地同流、与万物共生的生命境界，他无疑是千古饮酒人中的独步者。

屋逢大火

一

时光如指间沙粒，悄然流逝；日子如滴水入海，无声无息。人生道路漫长曲折，灾难和死亡总是突如其来。那些逝去的事物，除了让我们怀念和感伤，还能带来启示，带我们逐渐揭开生命的谜团。

或许，陶渊明已经解开了生命的谜团。他从亲人的离世、官场的失意、时代的动荡中品味人生这杯苦酒，苦涩中偶有甘甜，甘甜中又夹杂着几分诱人的滋味。

陶渊明真正懂得生命，他是生命的知音。他热爱那充满苦涩的生活，因为他从中品味到了甘甜。

然而，生活中的意外接踵而至，这让陶渊明的内心备受打击。他敏感而聪慧，常将生活中的事物联系起来。譬如，陶渊明44岁那年,一场突如其来的大火打破了生活的平静。

> 草庐寄穷巷,甘以辞华轩。正夏长风急,林室顿烧燔。一宅无遗宇,舫舟荫门前。迢迢新秋夕,亭亭月将圆。果菜始复生,惊鸟尚未还。中宵伫遥念,一盼周九天。总发抱孤介,奄出四十年。形迹凭化往,灵府长独闲。贞刚自有质,玉石乃非坚。仰想东户时,余粮宿中田。鼓腹无所思,朝起暮归眠。既已不遇兹,且遂灌我园。
>
> ——《戊申岁六月中遇火》

或许是在傍晚,陶渊明在屋檐下休息,享受一日辛劳后的清闲,妻子在不远处坐着,孩子们在玩耍。突然,茅舍起火,熊熊烈焰迅速蔓延,火光冲天。他们感到自己是如此的渺小、无助。

妻子搂着惊恐的孩子们,陶渊明无奈地看着这场大火,心中仿佛被火焰灼烧,痛苦万分。对于本就不易的陶渊明一家来说,这场大火无疑是雪上加霜,烧毁了他们多年辛苦经营的家园,也几乎摧毁了他们的希望。

陶渊明本已远离喧嚣,辞官归隐,日子过得虽不像《桃花源记》中描写的那般宁静美好,却也怡然自得。然而,这场大火瞬间将他辛苦营造的平静生活化为灰烬。面对突如其来的灾难,陶渊明不得不重新审视他选择的田园生活。

大火过后，陶渊明望着满目疮痍的家园，心情沉重却依旧坚韧。他知道，即使生活充满磨难，他依然会怀着对生命的热爱继续前行。困境无法击垮他对生活的追求，反而让他更加坚定：只有在自然中，才能找到生命的真谛和内心的宁静。

人们常说，风雨之后见彩虹。对陶渊明来说，大火后的废墟上，或许会生长出更坚韧的生命。正如他所写："既已不遇兹，且遂灌我园。"他会继续在田园中劳作，继续在诗酒中寻找心灵的安慰，因为他深知，生命的价值就在于不断前行和探索。

二

大火过后，陶渊明一家只能暂住在废墟前的河港舫舟上。七月将近过半，月亮逐渐圆满。陶渊明一家的心情从那场大火的冲击中渐渐平复。晚风轻拂，曾经弥漫的焦味已化作一缕轻灰，消散无踪。

秋夜漫长，陶渊明辗转反侧，难以入眠。他凝视着高悬的孤月，心中波澜不平。他的目光投向被烧焦的园圃，眼中闪现出一丝希望。园圃中的作物在他们的辛勤劳作下重新焕发出生机，这意味着他们的生活又有了新的希望。

然而，火灾带来的伤痛仍然存在，想要恢复从前祥和的生活绝非易事。"果菜始复生，惊鸟尚未还。"那些曾栖息在林中的鸟雀，在大火中受惊飞走，至今未归，这似乎映射了陶渊明内心未定的惊魂。

一场大火，或许并不足以让陶渊明绝望，大火过后，家园可以重建，田园可以复垦。更让他感到绝望的是急转直下的政治环境。这年正月，朝廷任命车骑将军刘裕为侍中，开府仪同三司。尽管陶渊明已远离官场，但是他仍然心系国家。时局的变动让他意识到世事不可为。

夜半时分，陶渊明站在船头，思绪飘飞，遥想上古时代。那时的民风淳朴，路不拾遗，余粮存放在田间无人偷盗。人们生活无忧，安居乐业。国家的命运和个人的困厄交织在一起，让他怀念起那个太平盛世。他渴望那样的时代，而如今，自己已年过四十，却只能坚守正直，艰难度日。其中，既有伤感，也有几分自豪。

陶渊明逐渐悟出一个道理：世间的一切外在事物，包括居所和肉体，都会随着时间的推移而变化、衰老，唯有心灵可以因不染世俗而保持宁静。虽然灾难带来了痛苦，但在他的诗中，没有一丝牢骚和愁苦的痕迹，仅有对东户时代的遐想，所思所行依然淡定从容。诗歌是陶渊明思想的表达，由此可见，他并未因眼前的困境而改变本性。陶渊明或许认为，唯有保持纯正的品德，才能安身立命。

但是，"仰望东户"毕竟只是空想。思绪从梦境中回归，陶渊明明白自己已经无法遇到那样的时代了，只能踏踏实实地灌溉田园。他的心再一次平静下来，回到现实。毕竟，丰衣足食不能凭空想象，需要靠自己的劳动。

44岁的这场大火，不仅没有烧毁陶渊明的意志，反而让他在大火中涅槃重生，达到人生的新高度。大火之后，从前的一切化为灰烬。"方宅十余亩，草屋八九间。榆柳荫后檐，桃李罗堂前。"再回首，此情此景，恍如一梦。

大火烧毁的是外在的居所，随着时光流逝，肉体也会消逝，又何必为身外之物痛哭流涕、恋恋不舍呢？人的一生本就会渐行渐远，朝霞与落日在转瞬之间就会变化。然而，在消逝中，我们可以留下一丝暖意，一种精神。

陶渊明留给我们的正是那种永恒不变的精神。他告诉我们，即使在凄风苦雨中，也要凛然站立；即使在荒草蔓延中，也仍然要寻找春和景明。

迁居南村

一

自从六月遇火，陶渊明一家寄居在船上，从炎夏到初秋。期间，他决定移居向往已久的南村，并且在那里新建好了屋舍。义熙六年（410年）九月后便搬了过去。

陶渊明以前在上京旧居生活时，官吏朋友们住得较远，来往不便。有时，他精心准备了新酒，后园内也摆满了初绽的鲜花，等待兴趣相投的朋友们的到来，但最终友人都未能成行前来，这让他心中略感失落。

相比之下，南村虽然也是田园茅舍，但这里似乎是一个聚居区，周围多是士人，陶渊明因此有了一批可以交流的邻居，而和谐的亲友关系是陶渊明坚持田园生活的重要支撑之一。

柴桑不仅是江州州府的所在地，也是浔阳郡府和诸多军府的所在地，因此聚集了大量官僚。陶渊明在南村的住宅虽然简陋，但周边居住的都是官职与文化程度相近的官僚，这让他感到非常满意和欣慰。在《移居二首·其一》中，他写道：

昔欲居南村，非为卜其宅。

闻多素心人，乐与数晨夕。

怀此颇有年，今日从兹役。

敝庐何必广？取足蔽床席。

邻曲时时来，抗言谈在昔。

奇文共欣赏，疑义相与析。

陶渊明早就有意搬到南村，这并非因为他相信占卜之说，而是听闻此地有许多心地纯朴的人，可以与他们朝夕相处、经常来往。这一愿望已经萦绕陶渊明心头多年，今天终于得以实现。简陋的居所无须宽敞，只要能遮蔽床席就够了。邻居们时常到访，共同探讨古今之事，分享奇妙的文章，解答疑难的问题。

春秋多佳日，登高赋新诗。

过门更相呼，有酒斟酌之。

农务各自归，闲暇辄相思。

相思则披衣，言笑无厌时。

此理将不胜？无为忽去兹。

衣食当须纪，力耕不吾欺。

南村既有淳朴的乡邻，也有清雅的文人，正是闲居的理想之地。陶渊明早就有移居南村的愿望，如今终于得以实现。茅庐虽简陋，生活虽清贫，他并不在意。毕竟，豪宅宽广，睡觉不过三尺卧榻；珍馐佳肴，消遣不过一日三餐。他所追求的，是在平淡的日子里与志同道合的朋友共度晨昏。

在南村，陶渊明结识了殷景仁、颜延之等心性相投的朋友。大家闲时饮酒赋诗，共赏奇文。茅庐虽小，却乐在其中。

在风和日丽的春天或天高云淡的秋日登高赋诗，历来是文人雅士钟爱的活动。对陶渊明来说，柴桑火灾后，迁至南村，他在这里登高望远，更觉轻松愉快。登高不仅要在春秋佳日，还必须在农务闲暇时进行。在春种秋收的忙碌季节中偷得片刻闲暇，这种乐趣是整日闲适的士大夫们无法体会的。

二

除了登高赋诗，陶渊明还享受与邻居们的交往和招饮之欢。邻里之间的交往无须繁文缛节，无须正式邀请，随性而至，来往自如。言谈举止虽粗朴，却更显得真诚率直。这种情景在后来的杜甫诗句中也有体现，如"肯与邻翁相对饮，隔篱呼取尽余杯"，又如"叫妇开大瓶，盆中为吾取""指挥过无礼，未觉村野丑"等。从陶渊明的诗句中，同样能够感受到那种朴素真挚的人情味。

陶渊明在南村新居的生活，既有农务间隙中的登高览胜，又有与邻里朋友的无拘无束的交往，这些都让他的田园生活充满了乐趣与欢愉。这种生活方式不仅展现了他对自然和人情的热爱，也让我们感受到他在俭朴生活中的满足与幸福。

"人生归有道，衣食固其端。孰是都不营，而以求自安？"陶渊明认为，人生只有通过生产劳动，自力更生，才能真正享受自然的宁静风光和纯真的人际关系，并从中领悟到最高的玄理——自然之道。

陶渊明的诗篇，不仅表达了他对田园生活的热爱，也反映了他对劳动的尊重。他认为，只有通过自己的劳动，才能实现自我安宁，享受自然的美好。这种思想与当时士族阶层的好逸恶劳形成了强烈的对比，展现了他独特的人生观和价值观。

陶渊明偶尔也会离开南村，前往庐山探望自己的老友刘程之。刘程之隐居庐山，深居简出，每日静修打坐，闻思佛理，而陶渊明虽然尚未加入莲社，但他思想深刻，又有丰富的人生经历沉淀出的不凡智慧，所以两人沟通圆融无碍。刘程之十分欣赏这个极具慧根的朋友，便邀请陶渊明一起隐居庐山，共同修行。此时，陶渊明的大儿子已长大成人。

三

陶渊明不是不向往独居的生活，他写过慕仙诗，其中说道"东方有一士，被服常不完"，却"常有好容颜"，住在"青松夹路生，白云宿檐端"的地方，另有高士取来古琴为他弹奏，陶渊明对此甚是向往。他亦时常到庐山东林寺寻佛问道，但常常只做短暂的停留，就回到了自己的南村。

梁代的钟嵘在《诗品》里评价陶渊明：每观其文，想其人德；古今隐逸诗人之宗也。事实上，陶渊明并非一个标准的隐士，他与所有独居林泉、逍遥自在的隐士不一样，他是携家归隐的。

陶渊明曾写下《和刘柴桑》，答复了刘程之的邀请：

山泽久见招，胡事乃踌躇？
直为亲旧故，未忍言索居。
良辰入奇怀，挈杖还西庐。
荒涂无归人，时时见废墟。
茅茨已就治，新畴复应畲。
谷风转凄薄，春醪解饥劬。

弱女虽非男，慰情良胜无。

栖栖世中事，岁月共相疏。

耕织称其用，过此奚所须？

去去百年外，身名同翳如。

"直为亲旧故，未忍言索居"是他给好友的答复，陶渊明还是喜欢跟亲人一起生活。

在陶渊明的生命中，有很大一部分空间是留给亲情的。纵观古代诗人，不是独自悠游，就是聚集友人把酒临风吟诗作对，带着妻儿游乐的能有几人？陶渊明的"隐"，离不开田园，也离不开亲情，可以说，他是个顾家的"暖男"。

在家族由兴到衰的骤变中，在自己波折的命运里，陶渊明有了"人生无根蒂，飘如陌上尘"的悲叹。而他又是擅长做哲学深思的，也许佛家和道家的智慧早已帮助他看破人生。但他没有独自遁世，也没有逍遥自在，而是以情化理，以乐化悲，他用儒家的温情抚慰佛道看破红尘的悲凉。

魏晋时期士人多言归隐之志以自示清高，而陶渊明谢绝了好友隐居庐山的邀请，因为他归向的不是某个具体的山林，而是自然。随顺自然，不标榜不作秀。冯友兰先生在他的文章《论风流》里说道："达而要作，便不是真达，真风流的人必是真达人。"并且盛赞陶渊明是魏晋风流的最高境界，因其"不作达，不狂肆"。

陶渊明重视亲情，归隐只是为了成全自己的一颗真心。他接纳儒道佛的智慧，全凭心意，而非迎合。后世常争论他的思想归属，其实他就像勤奋的蜜蜂一样，奋力汲取精华，内化为中国文学史上最圆满的人格典范。

陶渊明最初被世人认可，更多是因其高洁的人品，而非诗文。他慈爱子女，友善弟妹，孝敬父母，仁爱他人，人们赞美他珍视亲情，关怀人际，执着道义，鄙弃贪竞，成就了他独特的人格魅力。

病中告子

一

晋安帝义熙十一年（415年）的冬天，陶渊明归田已近十年，除夕将近，漫天的雪花缓缓落在茅草屋上，很快就积了厚厚的一层。凛冽的寒风从屋子四面八方的缝隙中穿透而来，灌入他的袖口，陶渊明穿的本就是一件粗布短衣，补丁摞着补丁，无法御寒，他不禁打了一个冷战。

自从诀别官场，陶渊明算是自断后路。全家人的吃穿用度都要靠耕种的收获，因此他努力新开垦了许多田地。

陶渊明本是读书人，种田并不十分在行，而今也是年近花甲的老翁，多年的艰辛劳碌，导致旧疾复发，亲友纷纷送来药物治疗，却总不见好，他再一次感到自己大限将至。此时，陶渊明最大的儿子才24岁，最小的儿子不过16岁，让这位一向对孩子们"温恭朝夕，念兹在兹"的老父亲如何放心得下。拥着败絮外露的破棉被，就着窗外的一片雪亮，陶渊明再次写下了一封殷殷诫勉的告子书《与子俨等疏》。

告俨、俟、份、佚、佟：天地赋命，生必有死，自古圣贤，谁独能免？子夏有言曰："死生有命，富贵在天。"四友之人，亲受音旨，发斯谈者，将非穷达不可妄求，寿夭永无外请故耶？

吾年过五十，少而穷苦，每以家弊，东西游走。性刚才拙，与物多忤。自量为己，必贻俗患。俛俛辞世，使汝等幼而饥寒。余尝感孺仲贤妻之言，败絮自拥，何惭儿子？此既一事矣。但恨邻靡二仲，室无莱妇，抱兹苦心，良独内愧。

少学琴书，偶爱闲静，开卷有得，便欣然忘食。见树木交荫，时鸟变声，亦复欢然有喜。常言五六月中，北窗下卧，遇凉风暂至，自谓是羲皇上人。意浅识罕，谓斯言可保。日月遂往，机巧好疏，缅求在昔，眇然如何！

病患以来，渐就衰损，亲旧不遗，每以药石见救，自恐大分将有限也。汝辈稚小家贫，每役柴水之劳，何时可免？念之在心，若何可言！然汝等虽不同生，当思四海皆兄弟之义。鲍叔、管仲，分财无猜；归生、伍举，班荆道旧。遂能以败为成，因丧立功。他人尚尔，况同父之人哉！颍川韩元长，汉末名士，身处卿佐，八十而终，兄弟同居，至于没齿。济北氾稚春，晋时操行人也，七世同财，家人无怨色。

《诗》曰："高山仰止，景行行止。"虽不能尔，至心尚之。汝其慎哉，吾复何言！

——《与子俨等疏》

二

陶渊明在文章中提到了几个历史人物，其中一个是东汉儒仲贤妻。《后汉书·逸民列传》说儒仲："少有清节。及王莽篡位，弃冠带，绝交宦。""以病归，隐居守志，茅屋蓬户。连征不至，以寿终。"

《后汉书·列女传》记载了一个动人的情节：起初，东汉王霸与同郡的令狐子伯结为朋友，后来子伯担任楚相，子伯的儿子也做了郡功曹。有一次，子伯要儿子送信给王霸，于是子伯的儿子乘着车马，带着随从找到了王霸，排场很是气派。

王霸的儿子当时正在田里耕种，听说来了客人，立即放下耒耜回到家中。见到子伯的儿子，王霸的儿子显得很局促不安，不敢抬头仰视。王霸看着儿子，面有愧色，心中有些茫然，忧虑自己隐居乡中影响了儿子的前程。客人走后，王霸躺在床上很久没有起来。

王霸的心思被妻子看出来了，妻子对他说："您从小修持清正的节操，不羡慕荣华富贵。现在令狐子伯虽然富贵了，但是他的富贵哪里比得上您的清节呢？怎么为了儿子的一时窘迫，您就忘记了原来的志向，反而惭愧起来了呢？"妻子的一席话让王霸豁然开朗，他一跃而起，笑着说："你说得一点都没错。"从此王霸不再有彷徨犹疑，与妻子一同过着隐居的生活。

陶渊明在告子书中还提到了老莱子和他的妻子的故事。《高士传》和《列女传》都有所记载：春秋时期，楚国的老莱子隐居在蒙山南麓，过着耕作的生活。楚王多次以厚礼来邀请他出仕为官。然而，老莱子的妻子竭力劝阻他说："如今您若接受了别人的酒肉和俸禄，就会受制于人，这能避免祸患吗？"于是，老莱子听从了妻子的建议，与她一同逃隐到了江南。

文章中的"二仲"指的是汉朝的求仲和羊仲，他们是东汉隐士蒋诩的邻居。蒋诩退隐后，除了与"二仲"交往外，几乎与世隔绝。

陶渊明对俨、俟、份、佚、佟等子说道：天地赋予人类生命，有生必有死。从古至今，即便是圣贤，也无法逃脱死亡的宿命。子夏亦曾说："死生有命，富贵在天。"孔子的学生们受教于孔子，子夏之所以这样说，正是因为穷困和显达不可强求，长寿与短命也无法在命运之外获得。

陶渊明又说：我已经年过五十，年轻时饱受贫苦，家中常常贫困，不得不四处奔波。我性格刚直，不会逢迎取巧，与人情世故格格不入。为了避免祸患，我选择辞去官场事务，也因此让你们从小过着贫寒的生活。我曾被儒仲贤妻的话感动，自己穿着破旧的棉袄，又何必为儿子不如别人而感到羞愧呢？道理是相同的。我只遗憾没有求仲、羊仲那样的邻居，家中也没有像老莱子妻那样的妻子，怀抱这样的苦心，内心充满惭愧。

我少年时曾弹琴、读书，喜欢悠闲清静，打开书卷，心有所悟，便高兴得忘记了吃饭。看到树木成荫，听见不同时节的鸟儿鸣叫，我也感到无比愉悦。我常说，五六月里，躺在北窗下，凉风阵阵，便自认为是上古之人了。我的思想单纯，见识浅薄，认为这样的生活可以永远维持下去。时光流逝，逢迎取巧之道我仍不熟悉。要想恢复过去的生活，已是不太可能了。

自生病以来，我的身体日渐衰弱，亲戚朋友们不厌其烦地送药给我，我担心自己寿命不长。你们年纪尚小，家中贫穷，常年要你们打柴挑水，什么时候才能解脱呢？这些事情总是牵挂着我的心，但又能说什么呢？

你们兄弟几人虽然不是同一个母亲所生，但应当理解天下人都是兄弟的道理。鲍叔和管仲分财产时，互不猜忌；归生和伍举久别重逢，铺荆条坐在地上畅谈旧情。结果管仲在失败后得以翻身，伍举在逃亡后回国立功。他们并非亲兄弟都尚且能够如此，何况你们是同父所生呢。颍川的韩元长是汉末的名士，他身居高位，与兄弟一起生活直到去世，享年80岁。济北的氾稚春，是晋代品行高尚的人，家族七代不分家，共享财产，全家和睦。

《诗经》上说，要如对高山般敬仰古人的高尚德行，效法他们的行为。虽然我们达不到那样的境界，但应当以至诚之心崇尚他们的美德。你们要谨慎做人，我也没有什么更多的话可说了。

这位疾病缠身的老父亲在信中娓娓道来，谆谆教诲，体现了他一生的志趣和对孩子的深厚关爱。信中那种推心置腹、平易近人的教育方式，以及希望儿子们互助、友爱、和睦相处的训诫，都值得我们今天去学习和借鉴。

三

《古文析义》说："与子一疏，乃陶公毕生实录、全副学问也。穷达寿夭，既一眼觑破，则触处任真，无非天机流行。末以善处兄弟劝勉，亦其至情不容已处。读之惟觉真气盎然，不可作文字观。"

文中的"莱妇之言"，古典文学专家袁行霈分析"是避患意，颇可注意"。想当初陶渊明的上司桓玄野心勃勃，36岁便身败而死，就在陶渊明回归田园以后，他曾经跟从的建威将军也死在了部下王孟子手里。陶渊明因为性刚才拙，不愿同流合污，而归田躬耕，既挣脱了锁链之苦，又避免了残杀之危，最主要的是"愿无违"，他始终保持住了内心的持守。

"梦中了了醉中醒，只渊明"，这是苏东坡对陶渊明由衷的赞叹。他是浊世里最清醒的人，安然地生活在自己的田园里，不折腰、无妄念。在认为自己余日不多之时，陶渊明在文中再次表明了自己诀别官场的坚定，与篡乱之人再一次划清界限，也许这是对儿子们的一种保护，是父亲的"为之计深远"。

陶渊明回到平民百姓当中，成为一个劳动者，踏踏实实地在土地上抛洒汗水，养育儿女，与妻子相濡以沫，何错之有？也许是赤子之心感动天地，和许多年前一样，他又熬过了这次大病，一直活到了63岁，期间躬耕不辍。彼时，儿子们都已经长大成人，足以自立。也许没有留下什么物质财产，但是陶渊明给后代留下了一笔巨大的精神财富，可谓是一位令人仰望的慈父。

第六章

人生如梦，垂老之思

在贫病交加的晚年，陶渊明

经常追忆、思索过去的人生。他

将深邃的哲思自然而然地挥洒于

笔端。我们能感受到他心境的玄

远，能领略到他的智慧与洞见，

能体会到他对生活细节的妙赏。

陶渊明的文字，如一面镜子，映

照出他对人生的深刻反思与对自

然的挚爱，令人动容……

一

晋安帝义熙六年（410年），陶渊明已归家五年，多年的躬耕生活已经把他磨炼成一位精于耕种的老农，这一年的秋天，他迎来了稻谷的丰收。

> 人生归有道，衣食固其端。
>
> 孰是都不营，而以求自安？
>
> 开春理常业，岁功聊可观。
>
> 晨出肆微勤，日入负耒还。
>
> 山中饶霜露，风气亦先寒。
>
> 田家岂不苦？弗获辞此难。
>
> 四体诚乃疲，庶无异患干。
>
> 盥濯息檐下，斗酒散襟颜。

遥遥沮溺心，千载乃相关。

但愿长如此，躬耕非所叹。

——《庚戌岁九月中于西田获早稻》

人生的根本在于谋求衣食，唯有通过劳动才能实现自身的安定。陶渊明将传统文化中的"道"与衣食并列，衣食的来源，归根结底在于农业生产，因此陶渊明提出疑问："孰是都不营，而以求自安？"他认为，人生必须以劳动为基础，靠自己辛勤劳作才是生命之道。对陶渊明来说，与其为了俸禄丧失自由，不如归田躬耕，自力更生。

"微勤"虽是谦辞，其实是辛勤劳作的写照。"日入负耒还"引用了《击壤歌》的意境，展现了日出而作、日落而息的劳动生活。《击壤歌》说："凿井而饮，耕田而食。帝何德于我哉？"此处化用，凸显了陶渊明对自食其力的向往。

山中气候寒冷，霜露增多，46岁的诗人感受到岁月的无情。陶渊明笔下流露出对生活的深刻体会。即使稼穑艰辛，陶渊明也坚持自耕自食。他深知在动荡的时代里，生命难以保障，所以选择以劳动自保，以求免遭横祸。

陶渊明享受着劳动后的闲适和满足。春秋时期的两位隐士长沮、桀溺认为天下黑暗，不可改变，陶渊明自言心灵与他们相通，表达了自己对隐居生活的向往。

陶渊明希望长久地过这种自给自足的生活，纵然劳动辛苦，也无怨无悔。

二

小径炊烟，斜阳芳草，那是陶渊明喜欢的自然。他时常散发乘凉，在秋收后的农闲时也常常长啸对空山。因为心无牵绊，所以明媚欢喜。仓中有余粮，邻居有同好，时常诗酒唱和，日子就像天上的满月，了无缺憾。

然而，月总有阴晴圆缺，人必有悲欢离合。义熙七年（411年）八月，与他志趣相投、同样性情淡远的从弟敬远，溘然早逝。陶渊明写下了《祭从弟敬远文》，悲不自胜。

岁在辛亥，月惟中秋，旬有九日，从弟敬远，卜辰云窆，永宁后土。感平生之游处，悲一往之不返。情恻恻以摧心，泪愍愍而盈眼。乃以园果时醪，祖其将行。呜呼哀哉！

於铄吾弟，有操有概。孝发幼龄，友自天爱。少思寡欲，靡执靡介；后己先人，临财思惠。心遗得失，情不依世。其色能温，其言则厉。乐胜朋高，好是文艺。遥遥帝乡，爰感奇心，绝粒委务，考槃山阴。淙淙悬溜，暧暧荒林，晨采上药，夕闲素琴。

曰仁者寿，窃独信之；如何斯言，徒能见欺！年甫过立，奄与世辞，长归蒿里，邈无还期。

惟我与尔，匪但亲友，父则同生，母则从母。相及龆齿，并罹偏咎，斯情实深，斯爱实厚！念畴昔日，同房之欢，冬无缊褐，夏渴瓢箪，相将以道，相开以颜。岂不多乏，忽忘饥寒。余尝学仕，缠绵人事，流浪无成。惧负素志，敛策归来。尔知我意，常愿携手，置彼众议。每忆有秋，我将其刈，与汝偕行，舫舟同济。三宿水滨，乐饮川界，静月澄高，温风始逝。抚杯而言，物久人脆。奈何吾弟，先我离世！

事不可寻，思亦何极？日徂月流，寒暑代息。死生异方，存亡有域，候晨永归，指途载陟。呱呱遗稚，未能正言；哀哀嫠人，礼仪孔闲。庭树如故，斋宇廓然。孰云敬远，何时复还？余惟人斯，昧兹近情。著龟有吉，制我祖行。望旐翩翩，执笔涕盈。神其有知，昭余中诚。呜呼哀哉！

陶敬远的去世，使陶渊明"痛彻心扉，泪如雨下"，因为他们之间有着特别的亲情和友情，两人感情甚是深厚。他们二人不仅是亲戚，更是骨肉兄弟。父亲是亲兄弟，母亲是亲姐妹，他们的情感远超一般的兄弟情谊。

陶渊明与陶敬远不仅志趣相投，而且二人皆是品德高尚之人。

他们在困苦的生活中相互欣赏、相互鼓励，共同度过了无数艰难的时光。高雅的品质使他们的友情更加深厚，在陶敬远身上可以看到陶渊明的影子。

他们二人都有着隐逸的情怀，而且生活方式极为相似。陶渊明在归隐后承受了很大的压力，陶敬远给予了他精神上的支持和理解。这种共同的志向和追求，使他们在物资匮乏的生活中仍能相互扶持，共同追求理想。

尽管陶渊明与陶敬远已"生死异地"，但他们深厚的亲情和友情使陶渊明常常对天长叹：敬远何时才能归来？我的心仍如昔，情谊永不变。对于这位与自己心意相通、志趣相投的兄弟的早逝，陶渊明痛心不已。

颜回41岁过世，而自己这位与颜回相似的堂弟却离开得更早。陶渊明的痛呼更有着伯牙痛失子期的深深悲痛。相信陶渊明此刻与孔子听闻颜回过世时的心情是一样的。孔子说："天丧予！天丧予！"而陶渊明温和地表达了自己的哀思："年甫过立，奄与世辞，长归蒿里，邈无还期。"

陶渊明温柔细腻地追述往事，与其说是在追悼一个生命的离世，倒不如说是在纪念一个生命的完结。至此，母亲已逝，妹妹离开了，如今连最小的弟弟也早他一步离世，陶家最亲近的人相继离去，只剩下陶渊明孤身一人。死亡的阴影愈发逼近他，他凝视着死亡，陷入了又一场深沉的哲学思考。

垂老之思

一

晋安帝义熙九年（413年），中国汉传佛教四大翻译家之一的鸠摩罗什圆寂。他生前与弟子们共同翻译了《大品般若经》《妙法莲华经》《维摩诘经》《阿弥陀经》《金刚经》等经典，以及《中论》《百论》《十二门论》《大智度论》《成实论》等论著，系统地介绍了龙树中观学派的学说。这些译本文义圆通、内容可靠、字句流畅，在中国佛经翻译史上具有划时代的意义。

这一时期的东晋，是印度传来的佛教与中国本土哲学互相交融的重要时代。大书法家王羲之的儿子王凝之曾任江州刺史，期间召集中外僧徒88人，在浔阳精舍翻译了大量佛经。这一举措不仅促进了佛教经典在中国的传播，也加强了中外文化的交流。

在此背景下，慧远法师在庐山修行并广受尊敬。不仅因为他对佛理的精通，还因为他对《周易》《老子》《庄子》等儒学经典有着独到的见解。佛学能够迅速在中国传播并本土化，与中国传统的老庄思想有着深厚的渊源。慧远法师通过将佛理与儒道思想相结合，推动了佛教在中国的传播与发展，使之更易为中国人所接受和理解。

每次慧远大师公开讲法，众多名人志士都会慕名而来，陶渊明便是其中之一，也是慧远最看重的听众之一。经历了失去至亲与知音的痛苦后，陶渊明的身体更加虚弱，不得不由双胞胎儿子和两个门生合力抬着篮舆前往庐山赴约。到达庐山后，与故友们的相聚让陶渊明稍感安慰。这一天，慧远法师专门阐述了"形尽神不灭论"。尽管年事已高，慧远法师依然声如洪钟，条理清晰。他讲述道，人体的精神与形体虽同处一身，却各自独立。形体随生命终结而消失，但精神却永存，它可以在无形中转化和传递。

慧远法师还把这一观点进行了深入阐释，他把人体比喻成火把，精神是火把上燃烧的火焰，而形体就是用来做火把的木柴，火焰可以在木柴烧尽之前转移到另外的木柴上，但是木柴最后的结局只能是灰烬。所以说，精神才是永恒的，而形体却是有限的，形有尽而神不灭。

陶渊明与慧远法师深交已久，平时来往的故友也都皈依慧远法师的门下，长久的耳濡目染，使得陶渊明吸取了部分佛学的思想，可是对这一次慧远法师的讲经，陶渊明却不认同。就如同之前他无法认同慧远法师讲的因果报应，以及西方净土之说。

他看着那些虔诚拜服在慧远法师座下的听客，并没有发表自己的见解，而是独自坐到一边去喝酒休息，这是慧远法师给予他的破例优待。

慧远法师讲完了"形尽神不灭"之后，又请雷次宗与众人一起朗诵他写的《万佛影铭》，顿时，庐山的山河肌理间，"廓矣大象，理玄无名。体神入化，落影离形……"的诵经声回荡开来。

听到"体神入化，落影离形"这一句时，陶渊明陷入了沉思，他轻手轻脚地离开座位，对儿子和门生小声说："好了，回家吧。"于是，陶渊明坐着篮舆回到家中。

二

夜晚，陶渊明独自坐在窗下，自斟自饮，陷入了一场生命的哲思，这是一场由形影神三者对话的思想实验，他提笔记录了下来：

贵贱贤愚，莫不营营以惜生，斯甚惑焉。故极陈形影之苦，言神辨自然以释之。好事君子，共取其心焉。

形赠影
天地长不没，山川无改时。

草木得常理，霜露荣悴之。

谓人最灵智，独复不如兹。

适见在世中，奄去靡归期。

奚觉无一人，亲识岂相思？

但余平生物，举目情凄洏。

我无腾化术，必尔不复疑。

愿君取吾言，得酒莫苟辞。

影答形

存生不可言，卫生每苦拙。

诚愿游昆华，邈然兹道绝。

与子相遇来，未尝异悲悦。

憩荫若暂乖，止日终不别。

此同既难常，黯尔俱时灭。

身没名亦尽，念之五情热。

立善有遗爱，胡为不自竭？

酒云能消忧，方此讵不劣！

神释

大钧无私力，万理自森著。

人为三才中，岂不以我故！

与君虽异物，生而相依附。

结托既喜同，安得不相语！

三皇大圣人，今复在何处？

彭祖爱永年，欲留不得住。

老少同一死，贤愚无复数。

日醉或能忘，将非促龄具？

立善常所欣，谁当为汝誉？

甚念伤吾生，正宜委运去。

纵浪大化中，不喜亦不惧。

应尽便须尽，无复独多虑。

——《形影神并序》

　　陶渊明在这首诗里说：无论是贵人、贱民、贤人还是愚人，大家都忙忙碌碌地珍惜自己的生命，这实在令人困惑。因此我极力陈述形体和影子的痛苦，讲述精神如何辨析自然之理来解开这种困惑。关心此事的人们可以从中获得领悟。

　　天地永恒，山川万古，草木遵循自然规律，受到风霜侵袭而枯萎，得到雨露滋润而复荣。人类虽为万物之灵，却不能如此恒久。人在世上，如同匆匆过客，转瞬即逝，再也不能回来，世人也会逐渐忘记他，亲友不再思念，只留下些生前遗物，令人感伤。我作为形体，没有飞天成仙的本领，你作为影子，也不必怀疑我的归宿。愿你听取我的劝告，开怀畅饮，在醉乡中寻求片刻的欢乐吧。

《形赠影》的主要思想代表了魏晋时期相当普遍的一种颓废主义和享乐主义的人生观。针对"形"的苦恼，"影"主张立善求名以达到精神的不朽。

追求长生不老是不现实的，试图保养生命也常常会导致痛苦和失败。那些一心想要前往昆仑山修仙学道的人，最终会发现这条路充满了不可预知的艰难和障碍。影子对形体说，自从我们相遇，我们便同甘共苦，分享忧喜。当我在树荫下休息时，你暂时离开；当我站在阳光下，你与我不离不弃。然而，这种形影相随的状态并不能永久持续，当我去世时，你也将随之消失。人死之后，名声也会随之消散，想到这一点便令人心焦忧虑，五感俱热。影子劝形体说，唯有立下美德才能留存美名，为什么不努力追求留名后世呢？虽然酒能短暂消愁，但与立善相比，岂不是微不足道？

影的话反映了名教的要求。名教本身包含了因名设教的意思，这里的名既指名分尊卑，也指名誉声望。立善求名是名教为士人规定的道路。正如陈寅恪先生所说："（影）托为主张名教者之言。盖长生既不可得，则惟有立名即立善可以不朽，所以期精神上之长生，此正周孔名教之义，与道家自然之旨迥殊。"

从这个角度来看，追求长生不老并非真正的解决之道，唯有立德行善，才能在名教的框架内实现精神上的永恒。这一观念与道家自然的理念有着本质的区别。

三

对于"形"和"影"的苦言，"神"代表诗人分别予以开示。它先针对"形"说：

自然界没有偏爱，万物都按照各自的规律成长繁衍。人能够跻身于天地人"三才"之列，不正是因为具有精神的缘故吗？虽然我与你们——形体和影子不同，但我们生来便相互依附，既然我们结合在一个身体里，我不得不坦诚地表达我的看法：上古时代的三皇被称为大圣人，但如今他们身在何处？活了八百多岁的彭祖虽然力求长生，但也未能留住世间的生命。无论是老的、少的、聪明的还是愚笨的，最终都将走向坟墓，没有什么能够挽救他们。每日沉湎于酒中或许能短暂忘忧，但这岂不是反而加速了生命的结束吗？

从另一个角度来看，自然界的规律是公平的，万物都有其生长和消亡的周期。人类因具有精神而与天地并列，但这并不意味着可以逃脱自然的法则。上古的圣人和长寿的彭祖，也未能例外。无论你如何努力，最终都难逃一死。与其醉生梦死，不如清醒面对人生的无常，追求精神上的超越和永恒。

自秦汉以来，神仙之说广泛流行；晋朝以后，以葛洪为代表的道教宣扬服食求仙、养生延年，适应了贵族地主妄图永久保持享乐生活的需要。魏晋玄学家大多迷信神仙，乞求长生，甚至那些主张"越名教而任自然"的名士里面，嵇康相信服食养生，阮籍也说"独有延年术，可以慰我心"，陶渊明却坚持顺应化迁的思想，认为万物都是变化的，"情随万化移"，"万化相寻绎"，否定服食延年之术，这是极为清醒可贵的，是真的"自然"。

对于"影"所主张的立善求名以达到不朽，"神"则开示道：立善常常是人们喜欢做的事，可是当你身死后，谁会加以称赞呢？在一个善恶不辨、是非不分的社会里，立善求名不过是一句空话而已。

"神"最后总结道：极力去思索这些事情难免伤害了自身，还是听其自然，随命运的安排去吧。在宇宙中纵情放浪，人生没有什么可喜，也没有什么可怕的，当生命的尽头来临，那么就让生命之火熄灭吧，不必再有什么顾虑了。

从以上分析可以看出陶渊明崇尚自然的思想，他认为宇宙间的一切都是不断变化的，人也是不断变化的，人应该"纵浪大化"，以一种恬淡旷达的态度顺应自然的规律。

他不仅把崇尚自然的思想贯穿到生死观，也运用到人生的选择中。过去，他用自然作为标准去衡量现实，发现了人在现实的泥淖中会变得丑恶和虚伪，主张返回自然的人性，返回上古社会的自然与淳朴。他高举自然的旗帜，和虚伪的名教、黑暗的政治以及争名逐利的社会相对抗。

几十年间仕而隐、隐而仕的交战，何尝不是立善求名的"名教"思想与崇尚自然的"自然"思想的交战。最终，"自然"战胜了"名教"，他彻底告别了官场，保全了自己的自然天性。

四

在《形影神》这三首诗中陶渊明表达了他的人生哲学，故此三首诗对理解陶渊明一生的思想极为重要。陈寅恪先生在《陶渊明之思想与清谈之关系》中说："渊明笃守先世崇奉之天师道信仰，故以道家自然观为立论之本，既不同于魏晋时期的自然崇仰者，以放情山水、服食求仙为尚，如嵇康、阮籍等人，又不同于魏晋时期的尊奉孔孟、标举名教者，如何曾之流，而渊明既接受了老庄的思想，又有感于晋宋之际的社会现实，于是创为一种新的自然说。"

袁行霈先生认为陈寅恪先生的观点极有卓见，并补充道：持旧自然说者严格地说并不自然，佯狂任诞也是一种对人的自然本性的扭曲。自然，成为对抗名教的武器，这已经就不自然了。所谓旧自然说，并没有从他们的学说中得到生的乐趣。从这个观点看来，只有陶渊明才是真的自然。陈寅恪称之为旧自然说者，不妨改称为佯自然说；而所谓陶渊明的新自然说则是真自然说。亦极有卓见。

慧远法师创立的净土宗之所以得以快速发展，在后世与禅宗共同成为信众最多的佛学门派，也在于它能给面对生死的人们带来慰藉。净土宗主要宗旨是以修行者的念佛行业为内因，以弥陀的愿力为外缘，内外相应，引导修行者往生极乐净土。陶渊明则完全放弃了这种幻想和希冀，秉承自然之道，让心从对名利的追逐中回到自然恬静的状态，让心和自己在一起，化"如意之心"为"如如之心"，安住心舍。此时，他不再需要借助饮酒，清醒中就能达到忘我之境，坦然看待生死，这是极大的勇气与成就。

酒中深意

一

陶渊明的晚年生活，贫病交加，他常常追忆并反思过往的人生。他的诗文如同一面镜子，透射出其深邃的哲思与澄澈的心境。饮酒，是他生活中不可或缺的一部分，更是他精神世界的缩影。

自成年之后，陶渊明便与酒结下了不解之缘。《五柳先生传》中的"性嗜酒，家贫不能常得""造饮辄尽，期在必醉"便可见一斑。年轻时，他性情狂放，饮酒酣畅淋漓，常常尽兴而醉。随着岁月的流逝，他的饮酒方式变得更加内敛深沉，成为他排遣心中忧愁的方式。

仕途的波折使陶渊明的心情经常陷入烦闷，他常常借酒消愁。尤其是在为母守丧期间，他暂归田园，写下《连雨独饮》：

运生会归尽，终古谓之然。

世间有松乔，于今定何间？

故老赠余酒，乃言饮得仙。

试酌百情远，重觞忽忘天。

天岂去此哉？任真无所先。

云鹤有奇翼，八表须臾还。

自我抱兹独，僶俛四十年。

形骸久已化，心在复何言！

　　此时的他，通过饮酒来慰藉孤独，排遣心中的杂念。在晚年，陶渊明几乎每日都要饮酒，还写了20首题为《饮酒》的诗歌。这些诗歌，不仅反映了他对饮酒的喜爱，更是他内心悲愤的一种排遣方式。

　　《饮酒》组诗写于晋宋易代前夕，陶渊明对时局的变化感慨万千，却又无力改变，只能借酒消愁，逃避现实。在这些诗歌中，尽管标题为《饮酒》，但并非每首都涉及饮酒相关的内容，而是陶渊明通过"醉酒"来逃避政治迫害，表明自己无意于仕途。

　　刘裕是个心狠手辣的政客，他先后杀死了东晋的两位末代皇帝——晋安帝司马德宗和晋恭帝司马德文。陶渊明痛感世道险恶，为了避免杀身之祸，他选择隐而不仕，假装酗酒放浪，以打消刘裕的猜疑。

陶渊明在诗中经常提及自己患有疾病，这或许也是为了逃避政治。实际上，据多方记载，陶渊明确实患有脚疾，这在那个时代似乎并不少见，许多文人都以脚疾为由推辞朝廷的征辟。

陶渊明的外祖父孟嘉也曾以脚疾为由辞去了晋穆帝的征召。《宋书·范晔传》记载，刘裕召范晔北征，范晔亦辞以脚疾。这些脚疾可能与当时文人普遍服食药石有关，陶渊明也喜爱辟谷之术，他们服药时需以酒送服，以散发药效，陶渊明喜欢服食"菊花酒"，亦是养生的一种方式。

虽然陶渊明的《饮酒》组诗是借题发挥的，并非全是饮酒后即兴而作，但这些诗中依然充满了浓郁的酒香，甚至带有几分菊花的清甜。这些诗歌不仅是他生活的写照，更是他内心世界的真实表达。通过这些诗歌，我们可以感受到陶渊明在酒中寻求的那一份宁静与超脱。

二

从陶渊明的组诗来看，他依然关注时局，对现实难以释怀。诗中"衰荣无定在，彼此更共之"表达了他对社会黑暗和世俗败坏的愤懑；"积善云有报，夷叔在西山"则是他对社会是非颠倒、黑白不分的愤慨，以及对传统道德观的失望……

正因为这个世界已无可救药，许多人选择了随波逐流。如在诗中，田父曾劝他"一世皆尚同，愿君汩其泥"。然而，陶渊明依旧保持着独立高洁的品格。他在《饮酒·其八》中写道："青松在东园，众草没其姿。凝霜殄异类，卓然见高枝。"尽管经历了世俗的磨砺，他依然自视清高，令人敬佩。

《饮酒》组诗中最著名的一首是《饮酒·其五》：

> 结庐在人境，而无车马喧。
>
> 问君何能尔？心远地自偏。
>
> 采菊东篱下，悠然见南山。
>
> 山气日夕佳，飞鸟相与还。
>
> 此中有真意，欲辨已忘言。

陶渊明选择了远离喧嚣的田园生活，他在诗中描绘了一幅简单而温馨的画面。他的居所虽然不是"面朝大海，春暖花开"，但依山傍水，充满诗意。菊花在东篱下灿烂盛开，远处的庐山静静矗立。山风温柔地吹来，夕阳的余晖洒在大地上。鸟儿成群归巢，这样的生活充满了宁静与美好。陶渊明说，这样的生活隐藏着人生的真谛，无须用言语去表达，只需静静感受。

在这田园生活中，陶渊明不仅享受了四季的变化，还沉浸在琴歌酒赋的乐趣中。他在这里悠然自得，忘却了尘世的烦恼，盼望着生命的长久。在醉意朦胧中，他提笔写下诗句，并沉醉其中，心中满是对自然和生活的赞美与感怀。

三

在晋宋易代之际，天下士人纷纷奔走，谋求在新朝中占得一席之地。世俗之心，尽人皆知。而陶渊明却不以为然，他按照自己的节奏生活，依旧采菊酿酒、吟诗作赋，独守一份清闲。为了远离官场的是非，陶渊明很少结交官场中的人，州郡官员几次邀请他入仕为官，都被他以脚疾或病弱为借口婉言谢绝。拒绝的次数越多，他的清逸之名反而更加盛传。

义熙十四年（418年），江州刺史王弘驻守浔阳，听闻陶渊明的高名，特意前来拜访，希望结识这位隐士。然而，陶渊明对官宦之人并无兴趣，便称病闭门不见。王弘喜好结交名士，屡次被拒，他越发希望结识这位性情高逸、诗才旷世的隐士。

无奈之下，王弘求助陶渊明的好友庞通之，即庞参军。庞通之是王弘的参军，深知陶渊明的喜好。王弘决定在陶渊明回家的路上设酒席招待他，以此打动他。那日，陶渊明外出归来，正值疲惫饥渴之际，见好友庞通之在路边小亭中备下酒席，心中不禁感动。庞通之解释道："听说你今日归来，特地设宴为你接风。"陶渊明感激地说："你来迎接我已是欢喜，设宴更是让我感激不尽。"

二人在亭中对酌闲谈，酒意渐浓之时，庞通之请出了王弘。见其温文尔雅、谦逊有礼，陶渊明不再拒绝。三人把酒言欢，酒足兴尽之时，王弘邀请陶渊明前往州府，陶渊明欣然答应。王弘问他需要什么交通工具，实际上希望陶渊明坐官府的车马，但陶渊明一向洒脱无羁，表示自己喜欢坐平常所用的篮舆，以方便回家。王弘只好同意，派门生和陶渊明的两个儿子轮流抬他，一路上谈笑风生。

陶渊明生性洒脱，喜爱交友，但他交往的都是淡泊清雅之人，而非附庸风雅的庸俗之辈。王弘出身高贵，凭借良好的家世和个人能力，仕途顺畅。在他身上，或许也有陶渊明仰慕的品质。于是，两个志趣相投的人便这样相遇了。

人与人之间的缘分就是如此微妙，志趣相投的人总会在历史的舞台上相逢，成为彼此的知己。那天之后，陶渊明与王弘成了好友。尽管陶渊明极少前往州府，但王弘常常会拜访他的茅舍，对他的生活多有照拂。王弘知他生活贫寒，总是以酒米相赠。他们常一起吟风赏月，对酌篱下。

其中最美好的故事当属"白衣送酒"。相传九月九日重阳节，陶渊明欲饮菊花酒，却苦于家贫无酒。于是，他在菊花丛中采摘大束菊花，坐在花丛边痴痴望着，陶醉在自己的想象中。忽然，他仿佛闻到酒香从菊花丛中飘来，以为是幻觉，却见一个白衣使者提着几坛酒向他走来。一问才知道，原来这人是王弘派来送酒的。这个故事在南朝檀道鸾的《续晋阳秋》中有记载，正是"白衣送酒"的典故。

陶渊明的生活方式和人生态度，反映了他对世俗功名的不屑和对自然田园的热爱。他在喧嚣的尘世中保持了难得的清高和自我，不为名利所动，追求心灵的自由与宁静。他与王弘的交往，正是两个志趣相投之人的惺惺相惜，他们在彼此的陪伴中找到了精神的慰藉和共鸣，成就了一段人间佳话。

这种友谊，让我们看到了他们如同两颗闪亮的星星，在历史的长河中互相照耀，彼此温暖，留下了动人的篇章。陶渊明，以其高洁的品格和出尘的风骨，成为后世文人墨客心中的典范。王弘则因其风雅和慧眼识才，成为陶渊明生命中重要的知己。他们的故事，正是那段风云变幻的历史中一抹温暖的人性光辉。

四

陶渊明好饮菊花酒，那时的人们都有饮酒赏菊的习惯，但陶渊明家境清贫，难以像他人般尽兴。王弘深知好友的窘境，在重阳佳节特意派人送酒，陶渊明对此自然欣慰无比。世上锦上添花者多，雪中送炭者少，而王弘正是那个懂他窘迫与淡泊的真正朋友。"白衣送酒"的故事后来时常被文人引用。唐代王绩在《九月九日赠崔使君善为》中感叹："香气徒盈把，无人送酒来。"岑参在《行军九日思长安故园》中也写道："强欲登高去，无人送酒来。"李白在《九日登山》中更是提道："渊明归去来，不与世相逐。为无杯中物，遂偶本州牧。因招白衣人，笑酌黄花菊。"

有时候，王弘也会邀请陶渊明参加州府的宴会。虽然陶渊明不喜喧嚷，但盛情难却，只好前往。永初二年（421年）深秋，庾登之入京，谢瞻赴豫章，王弘在湓口（今九江市西）为他们设宴送别。陶渊明应邀出席，并作《于王抚军座送客》：

秋日凄且厉，百卉具已腓。

爰以履霜节，登高饯将归。

寒气冒山泽，游云倏无依。

洲渚四缅邈，风水互乖违。

瞻夕欣良宴，离言聿云悲。

晨鸟暮来还，悬车敛余晖。

逝止判殊路，旋驾怅迟迟。

目送回舟远，情随万化遗。

这首诗意境十分凄凉，或许是因为这是刘宋新朝的第一个秋天，陶渊明心中难免有故国沦亡的悲伤；又或许是因为他年迈体弱，强撑病体送别，心境自然而然生出萧疏之感。

但在诗的结尾处，陶渊明达观的一面显露无遗："目送回舟远，情随万化遗。"目送行舟渐行渐远，感情终将随自然变化而消逝，离别之情亦是如此。既然无法改变，又何必自我折磨。

王弘任江州刺史期间，与陶渊明多有往来。两人常常把酒言欢，王弘奉诏入朝后，依然念念不忘与陶渊明的情谊，经常书信往来，还叮嘱朋友照顾这位世外高人。

一生得一二知己，足矣。陶渊明与王弘相识，是他一生中无悔的选择。人世间最珍贵的，莫过于找到一个真正懂自己的人。这段友谊正是陶渊明生命中的一抹亮色。

人淡如菊

一

陶渊明从梦中醒来，惊觉自己容颜又苍老了几分，唯有目光依旧年轻。带着几分倔强、几许清高和淡淡的忧伤，他凝视着桌上的菊花酒壶，瓶口敞开，余香尚存，但酒壶中已空空如也。

昨夜，他将这酒一饮而尽，本以为菊花酒能延缓衰老，没想到皱纹仍在脸上肆意蔓延。他苦笑着摇头，徒然叹息。世上哪有使人返老还童的神丹妙药？只不过是人们害怕衰老，自作掩饰罢了。

忽然，他想起前几日随意翻阅的一卷书中，有一篇文章深得他心。于是，他忙从抽屉中取出那卷书，重温那篇文章。那是汉代儒学大师董仲舒的《士不遇赋》。陶渊明站起身来，手持书卷，缓缓吟诵："呜呼嗟乎，遐哉邈矣。时来曷迟，去之速矣。屈意从人，非吾徒矣。正身俟时，将就木矣……"

这些句子让他的内心波涛汹涌，激动得热泪盈眶。在这个伤感的时节读这些伤感的句子，无疑是在用疏泄的方式为自己疗伤。读罢，他意犹未尽，又找来司马迁的《悲士不遇赋》继续吟诵："悲夫！士生之不辰，愧顾影而独存……"董仲舒和司马迁写的不正是他此刻的心境吗？

自古以来，怀才不遇的文人总会发出类似的感叹。这让他仿佛在书本中找到了知己。既然如此，他也要创作一首诗歌回应先人，以示来者。念此，便精神抖擞，诗兴大发，展纸研磨，提笔疾书。他写下标题《感士不遇赋》，接着又写下第一行文字，交代自己写作的由来：

> 昔董仲舒作《士不遇赋》，司马子长又为之。余尝以三余之日，讲习之暇，读其文，慨然惆怅。

写罢第一行字，他文思泉涌，若不可遏。紧接着，他笔走龙蛇，继续书写，倏忽之间，一段清新隽雅的小序便完成了：

> 夫履信思顺，生人之善行；抱朴守静，君子之笃素。自真风告逝，大伪斯兴，间阎懈廉退之节，市朝驱易进之

心。怀正志道之士,或潜玉于当年;洁己清操之人,或没世以徒勤。故夷皓有"安归"之叹,三闾发"已矣"之哀。悲夫!寓形百年,而瞬息已尽;立行之难,而一城莫赏。此古人所以染翰慷慨,屡伸而不能已者也。夫导达意气,其惟文乎?抚卷踌躇,遂感而赋之。

序言的意思是:遵守信义、不忘忠孝,是人类的美德;胸怀淳朴、心地清静,是君子恪守的原则。然而,自从淳朴的风尚消失,虚伪之风便开始盛行。廉洁谦让的操行在民间渐被淡忘,追逐高官厚禄的侥幸之心在官场上日益泛滥。

陶渊明认为,这样的时代风气导致的荒谬结果是:一些胸怀正直、立志治世之士正当壮年而被迫隐居不仕;一些洁身自好、节操清廉之人徒劳终生。因此,善恶有报的因果观念在这个是非颠倒的时代已然行不通。否则,怎么会连伯夷、叔齐和商山四皓这样的至善之人都不能善终,只能躲藏在首阳山被活活饿死。楚国的三闾大夫屈原,志守高洁,却最终走投无路,自沉汨罗江而死。

陶渊明的心情,正如这些文字中所述的那般沉重与无奈。然而,他并不因此自怨自艾,而是选择用文字抒发心中的感慨。通过创作《感士不遇赋并序》,陶渊明不仅表达了对不公时代的愤懑，也展现了他对美好品德的坚守。

在这条孤独且坎坷的文人之路上，陶渊明找到了精神的慰藉和前行的力量。他明白，尽管现实残酷，但内心的清高与自尊将永远伴随他，指引他走向更高的精神境界。

二

人生百年，转瞬即逝。才华横溢却无法建功立业，得不到应有的认可，实在是一件令人悲叹的事。陶渊明在读书后，心中感慨万千，他将更深的哲思融入文字中：

咨大块之受气，何斯人之独灵！禀神志以藏照，秉三五而垂名。或击壤以自欢，或大济于苍生。靡潜跃之非分，常傲然以称情。世流浪而遂徂，物群分以相形。密网裁而鱼骇，宏罗制而鸟惊。彼达人之善觉，乃逃禄而归耕。山嶷嶷而怀影，川汪汪而藏声。望轩唐而永叹，甘贫贱以辞荣。淳源汩以长分，美恶作以异途。原百行之攸贵，莫为善之可娱。奉上天之成命，师圣人之遗书。发忠孝于君亲，生信义于乡间。推诚心而获显，不矫然而祈誉。嗟乎！雷同毁异，物恶其上；妙算者谓迷，直道者云妄。坦至公而无猜，卒蒙耻以受谤。虽怀琼而握兰，徒芳洁而谁亮。哀哉！士之不遇，已不在炎帝帝魁之世。

陶渊明认为，人是万物之灵，凭借三才五常之道才得以留名。衡量一个人是否"成人"，并不在于他取得了世俗意义上的成功，而是看他是否保留了人类最宝贵的品质。无论是选择隐居乡野自得其乐，还是选择步入仕途拯救天下，只要合乎本分、持有道德，都是无可非议的。毕竟，人生在世，本应各得其所。陶渊明为自己选择的归隐之路感到心安。

然而，归隐也是为了守护节操而做的无奈之举。谁不渴望积极入仕、建功立业呢？只是，如果现世的成功只能靠丧失为人的准则来获得，那么这样的成功是毫无价值的。他悲叹再也回不到炎帝、帝魁那个民风淳朴的时代，只能眼睁睁看着人类在野蛮人的带领下走向万劫不复的深渊。这是历史的倒退，是天道的丧失，是人类的堕落！

对这一切，他无能为力，只能选择遁世，自守其节。即便不能用一己之力唤醒道德沦丧的世人，至少他不能往污水里再添污浊。这份保持善良的高度自觉，正是陶渊明智慧心灵的显现。

独祗修以自勤，岂三省之或废；庶进德以及时，时既至而不惠。无爱生之暗言，念张季之终蔽；愍冯叟于郎署，赖魏守以纳计。虽仅然于必知，亦苦心而旷岁。审夫市之无虎，眩三夫之献说。

陶渊明进德修业，并不只是为了实现一己之功名，而是为了维护人类在上古时代建立起来的道德体系。这才是他立德建功的根本所在。他明白，即便自己的道德已日臻完善，也可能被世俗永久埋没。正如张季、冯唐等人，没有遇到伯乐，也难以施展抱负。因此，"成人"是每个人通过勤加修炼都可以做到的，而"成才"则要靠时运和天机。

在这篇赋中，陶渊明表达了对不公时代的愤懑，但他并不因此自怨自艾，而是选择用文字来抒发心中的感慨。陶渊明不仅表达了对现世风气的忧虑和对道德沦丧的痛心，还展现了他对理想人格的坚守与向往。

三

陶渊明在等待了大半辈子后，终于对现实产生了深深的失望。他意识到，或许那个他期望的机会再也不会来了。他愤愤不平地说："世上多的是以假乱真的事情，愚昧的人总是被蒙蔽，分不清谁是贤才，谁是小人。"

悼贾傅之秀朗，纡远辔于促界。悲董相之渊致，屡乘危而幸济。感哲人之无偶，泪淋浪以洒袂。承前王之清诲，日天道之无亲；澄得一以作鉴，恒辅善而佑仁。夷投老以长饥，回早夭而又贫；伤请车以备椁，悲茹薇而殒身；虽好学与行义，何死生之苦辛！

陶渊明提到贾谊、董仲舒、伯夷、叔齐的悲惨下场，正是因为他们没有遇到明君，才与腐朽的社会格格不入，最终受到了迫害。

他接着说道："疑报德之若兹，惧斯言之虚陈。何旷世之无才，罕无路之不涩。"

坏人和庸人搅乱了一切，原本有序和谐美好的社会变成了人人自危的绝境。陶渊明感叹，这样的环境让真正的贤才无路可走。

> 伊古人之慷慨，病奇名之不立。广结发以从政，不愧赏于万邑；屈雄志于戚竖，竟尺土之莫及；留诚信于身后，恸众人之悲泣。商尽规以拯弊，言始顺而患入。奚良辰之易倾，胡害胜其乃急！苍旻遐缅，人事无已；有感有昧，畴测其理！

陶渊明又提到李广和王商的例子，说明世道已经变坏。迷信"善人善报"的信仰，只会让人陷入无尽的痛苦和自我怀疑中。但正因为道德如此难以践行，才更能检验一个人是否拥有最纯粹的品质。他终于明白，天道从未改变，只是人改变了。人们太过执着于道德的功利，才纷纷背离正道。他要做的，就是看清这个世界，剔除不切实际的幻想，做一个道德的守护者。

宁固穷以济意，不委曲而累己。

君子本就应该在困窘时显得更加高贵脱俗，因为他的高洁品质不会被任何事物摧毁。他不会出卖自己的灵魂，扭曲自己的品格。而道德低下的小人往往为了眼前的利益，自轻自贱，无所不用其极。

既轩冕之非荣，岂缊袍之为耻？诚谬会以取拙，且欣然而归止。拥孤襟以毕岁，谢良价于朝市。

对于陶渊明这样的儒士而言，富贵并不代表光荣，贫穷也没有什么可耻之处。君子存在的意义不在于获取利益，而在于为这个崩坏的世界带来一丝希望，哪怕它是那么微弱渺茫。

最后，陶渊明道出了自己的志向：甘愿怀抱孤高的情怀，隐居避世，安度此生。这是他面对易代之悲，又一次诚心叩问自己的灵魂后得到的答案。经过日夜的思索和苦读，陶渊明的思想不断升华，每一次思想上的突破，都让他精神倍感愉悦，仿佛又多了一份力量。面对日渐衰老的生命，他不再唉声叹气，而是一次又一次地坚守信仰。

虽然陶渊明已经是老年人了，但是他从未放弃生命中任何一个可能的机会。他的追求和梦想早已在四季中绽放，散发出持久的芬芳。即使时光流逝千年，我们依然能感受到他在历史中留下的气息。我们反复品读他的诗歌，仿佛能从文字中闻到淡淡的墨香和酒香，让人深深沉醉其中。

陶渊明用自己的一生告诉我们，如何在混乱的时代坚守自我，如何在困境中保持纯洁和高尚。他的精神就像他笔下的菊花一样，即使在萧瑟的秋天里，也依然孤高地盛开，给人以深深的感动和激励。他的故事和作品，让我们明白了什么是真正的从容和坚韧。

更名为『潜』

一

吴宫的花草已经长满了幽静的小径，晋朝的帝王衣冠也早已成了古老的坟丘。时间到了永初二年（421年），虽然司马德文当初自愿禅位，但他的恭谨名声和号召力仍让刘裕非常忌惮。

九月，刘裕命令琅玡侍中张伟给司马德文送去毒酒。张伟是个有仁义之心的儒生，不忍心谋害故主，他长叹一声："为了苟活而毒害故主，我宁愿一死！"于是他在半路上自己喝下了毒酒，结束了生命。刘裕听到消息后，非常愤怒。

司马德文的皇后是褚氏，她的哥哥褚秀之和褚淡之都是刘裕的亲信。每当司马德文的孩子出生，刘裕就命令他们二人将孩子害死，以断绝司马家族的后代。司马德文退位后，为了不被毒杀，整天和褚皇后待在一起。九月，刘裕又命褚淡之等人去探望褚皇后，褚皇后只能在另一间房间接待哥哥。

就在这时，有武士越墙进入司马德文的卧室，逼迫他喝下毒酒。司马德文拼命不从，说他信奉佛教，自杀的人将永远不能再投生为人。武士于是用棉被捂死了这位前朝皇帝。

这一切权力的争斗和血腥残酷，令人心寒。身处山野的陶渊明，早已对这些乱世纷争和权力角逐感到厌倦。他熟读《易经》，通晓宇宙万物的规律。他的名字"渊明"也颇具深意，源自《周易》乾卦九四爻"或跃在渊，无咎"。他的祖辈希望他能像龙一样，能屈能伸，进退自如，始终保持清明和正直。这是祖辈阅尽人生繁华后的智慧和对后代的深情厚谊。

陶渊明的一生可谓跌宕起伏。作为一个读书人，他在东晋这个动荡不安的年代中，始终怀抱着一腔报国情怀，勇敢地投身仕途。然而，当他逐渐看清了官场的腐败和黑暗后，他毅然决定退隐田园。陶渊明的人生，时而入仕，时而隐退，宛如一条静默的潜龙，在波澜壮阔的时代中悄然浮沉。

晚年的时候，陶渊明看到故国的沦陷，心中的悲愤与无奈难以言表。他决定给自己更名为"潜"，取自《周易》中的"潜龙勿用"，以此来表达自己无可奈何的心境。

这位白发苍苍的老人，对晋恭帝和晋王朝的覆灭感到无比痛惜。在这种无奈和感伤交织的时刻，他写下了《述酒》。在诗中，他用隐晦的比喻手法，记录了刘裕篡权的过程。整首诗充满了浓厚的悲剧色彩，典故晦涩难懂，但情感深沉，用以表达他对世事的愤慨与无奈。

陶渊明的作品虽然言辞隐晦，但饱含深意，每一字每一句都透露出他对现实的不满和对理想生活的向往。他的人生轨迹无疑是那个时代许多读书人的缩影，一方面渴望有所作为，另一方面又不愿意与腐败同流合污。正是这种矛盾与挣扎，使他的作品尤其打动人心，成为后世读书人心中的一座灯塔。

二

重离照南陆，鸣鸟声相闻。

秋草虽未黄，融风久已分。

素砾皛修渚，南岳无余云。

豫章抗高门，重华固灵坟。

流泪抱中叹，倾耳听司晨。

神州献嘉粟，西灵为我驯。

诸梁董师旅，芈胜丧其身。

山阳归下国，成名犹不勤。

卜生善斯牧，安乐不为君。

平王去旧京，峡中纳遗薰。

双阳甫云育，三趾显奇文。

　　王子爱清吹，日中翔河汾。

　　朱公练九齿，闲居离世纷。

　　峨峨西岭内，偃息常所亲。

　　天容自永固，彭殇非等伦。

　　　　　　　　　　　——《述酒》

　　陶渊明在《述酒》诗的开头，概括了东晋从开国到覆亡的百年历程。“重离”代表着天上的太阳，比喻皇帝。司马氏的先祖出自古帝高阳之子重黎，而“重离”与“重黎”谐音，指代司马王朝。诗中说太阳照到南方的陆地，暗示晋室南渡，东晋开始。

　　“鸣鸟”象征东晋初年的名臣们，如祖逖、王导、温峤、郗鉴、陶侃等，他们立下了赫赫战功。

　　“融风”是春天的东北风，而司马氏祖出夏官祝融，所以“融风”也指代司马帝风。诗中说秋草还没变黄，但春风已经消失，暗示司马晋朝的运数已经开始衰落。流水干涸，白石露出，衡山枯槁，云雾不再蒸腾。这些景象象征东晋王朝从开国以来不断发生的奸邪篡逆叛乱，国势日渐式微。

　　诗中提到刘裕在义熙二年（406年）被封为豫章郡公，“豫章”暗指刘裕。“重华”是舜的号，舜的坟在湖南零陵的九嶷山。晋恭帝司马德文逊位后被封为“零陵王”，“重华”

在诗中暗指司马德文。在平定桓玄之乱的过程中，以刘裕为代表的寒门庶族将领逐渐掌握了军政大权，而以王谢为代表的世族官僚逐渐成为他们的依附势力。

最终，东晋王朝覆灭，刘裕建立了刘宋新朝。东晋末代皇帝司马德文虽然谦恭逊位，但仍难逃厄运，被活活闷死。当时他的身边只有皇后相伴，她以泪洗面，难以入眠，直到雄鸡司晨。

义熙十四年（418年），有人向刘裕献上"嘉粟"，刘裕将其献给晋安帝，晋安帝让刘裕保存。

"嘉粟"是一种稀有的禾谷，被认为是祥瑞之物，暗示着圣人的出现。晋安帝让刘裕保存"嘉粟"，暗示他准备将天下禅让给刘裕。但就在那年年底，刘裕命人将晋安帝害死，又立司马德文为皇帝，以应"昌明之后有二帝"的谶语。

诗中的"西灵"其实应当作"四灵"，指龙凤麟龟四种祥瑞之物。陶渊明可能故意写错，以免被当权者看懂。他用这些祥瑞之物来象征刘裕驭使，暗喻他篡权夺位的罪行。

陶渊明用《述酒》这首诗，隐晦地表达了对刘裕篡权的愤慨和对东晋覆亡的痛惜。通过巧妙的比喻和运用典故，他深刻记录了那个动荡的时代和自己的无奈心情。

三

陶渊明在《述酒》诗中，运用了许多历史典故，隐晦地表达了对时局的不满和对权力斗争的讽刺。

　　诗中的"诸梁"指的是战国时期楚国的大将沈诸梁，芈胜是楚国王族，他的父亲太子建在郑国被害，他想复仇，但楚国的令尹子西不支持他。于是，芈胜杀了子西，自立为楚王。沈诸梁得知后，率军攻打芈胜，最终芈胜战败自杀，楚惠王复位。

　　陶渊明引用这个典故，是为了影射刘裕推翻桓玄的举动，讽刺刘裕依靠推翻篡位的桓玄上台，自己却也成了篡权者，与桓玄无异。

　　曹丕建立魏国后，封让位的汉献帝刘协为"山阳公"，让他迁居洛阳，但并未加害，使刘协得以寿终正寝。陶渊明用这个典故责骂刘裕，指责他连已经逊位的司马德文都要杀害，甚至比曹丕还残忍。

　　"平王"指的是"平固王"。桓玄篡位称帝后，将晋安帝封为"平固王"，赶到浔阳。"峡中纳遗薰"用了《庄子》里的一个典故：越国王子废因连续三任国君被杀而逃到丹穴躲藏，越国人点燃艾草，用浓烟把他熏了出来。陶渊明用此典故暗喻司马德文是被刘裕逼迫继位，最后还是被害死，显示了刘裕的冷酷无情。

　　"三趾"指的是三足乌，传说中背负太阳的神鸟，预示着天子将出。这一句暗指刘裕为了印证"昌明之后有二帝"

的谶语，先杀晋安帝，后立晋恭帝，最终又将其杀害，滥杀无辜，荼毒生灵。

王子晋是传说中周灵王的太子，修炼成仙，骑白鹤飞天。陶渊明在此隐去"晋"字，只写作"王子"，暗喻晋王朝的覆灭。"日中"指的是正午，古代又称"典午"，用来指代司马，"典"与"司"意义相近，而"午"是"马"。"河汾"指黄河和汾河，是西晋王朝的发源地。这两句话进一步暗示晋朝气数已尽，是陶渊明对时代变迁的深沉感慨。

陶渊明通过这些隐晦的典故和比喻，深刻地表达了他对当时局势的不满和对权力斗争的厌恶。他的诗句虽然隐晦，但充满了对现实的深刻反思和历史的悲凉感。

在陶渊明的笔下，那轮仿佛重生的太阳接连在天际沉沦，三足乌携带着古老的预言降临凡尘，而王子晋的笙声悠扬，伴着他骑鹤西去的身影，正午的太阴光辉映照在黄河与汾水之上，绘就了一幅既奇幻又凄美的画卷。然而，这不仅仅是神话的描绘，更是对晋朝兴衰更迭、帝王命运多舛的深刻隐喻。

提及春秋时期的范蠡，那位功成身退、隐居江湖的智者，陶渊明巧妙地省略了"陶"字，仅以"朱公"自喻，表达了自己对超然物外、远离尘嚣生活的向往。他渴望如范蠡一般，放下世事纷扰，寻得心灵的净土。

"峨峨西岭内，偃息常所亲"，那是他心中的理想国，是灵魂得以安放的家园。在那里，没有"普天之下莫非王土"的束缚，没有"率土之滨莫非王臣"的无奈，只有自然的宁静与和谐。天空高远，大地广袤，山川河流诉说着亘古不变的故事，明月清风则是永恒的伴侣。

在这里，每一声鸟鸣都是天籁，每一片云彩都是诗句。资源丰饶，取之不尽，用之不竭，仿佛是大自然对人类最慷慨的馈赠。天地的长情与久远，让即便是传说中的长寿之人彭祖也相形见绌。

陶渊明的游仙之思实则是对现实无奈的淡淡抒发。他虽向往超脱，却也深知人世的种种束缚与哀愁。然而，在这份无奈之中，他更展现了一种豁达与淡然，将那份无法言说的情感化作了对自然之美的无限热爱与向往。

第七章

晚年经历，桃花源记

在天寒夜长的冬天，陶渊明寂然离世。他终其一生都未丢失自己生命内在的真性，哪怕世无知音，哪怕贫病交加。

他因为返回了内在的自然，继而得以返回外在的自然，通过与天地同流而实现与天地并生。他平静地走了，却永远活在人们心中的桃花源中……

桃花源记

一

自晋宋易代，刘裕登上帝位后，国内连年不顺，宋武帝永初三年（422年）三月，京师一带发生大饥荒，饿殍遍野。五月，刘裕病重，临终托孤。领军将军谢晦，司空徐羡之，中书令傅亮，镇北将军檀道济，受命辅佐少帝刘义符。六月，刘裕去世。九月，北魏发兵侵宋，沿河诸郡多入于魏。

此时，满眼荒烟蔓草，黎民朝不保夕。陶渊明深切体会到了社会的黑暗和人民的忧苦，却无力改变。他的济世之心仍未泯灭，怀着对劳动人民的深深同情，他提起了笔，写下了《桃花源记》，在想象中为天下苍生营造了一个安居乐业、宁静和谐的家园：

晋太元中，武陵人捕鱼为业，缘溪行，忘路之远近。忽逢桃花林，夹岸数百步，中无杂树，芳草鲜美，落英缤纷。渔人甚异之。复前行，欲穷其林。

林尽水源，便得一山，山有小口，仿佛若有光。便舍船从口入。初极狭，才通人；复行数十步，豁然开朗。土地平旷，屋舍俨然，有良田、美池、桑竹之属；阡陌交通，鸡犬相闻。其中往来种作，男女衣着，悉如外人；黄发垂髫，并怡然自乐。

见渔人，乃大惊；问所从来，具答之。便要还家，设酒杀鸡作食。村中闻有此人，咸来问讯。自云先世避秦时乱，率妻子邑人来此绝境，不复出焉，遂与外人间隔。问今是何世，乃不知有汉，无论魏、晋。此人一一为具言所闻，皆叹惋。余人各复延至其家，皆出酒食。停数日，辞去。此中人语云："不足为外人道也。"

既出，得其船，便扶向路，处处志之。及郡下，诣太守，说如此。太守即遣人随其往，寻向所志，遂迷，不复得路。

南阳刘子骥，高尚士也；闻之，欣然规往。未果，寻病终。后遂无问津者。

陶渊明借用小说的笔法，描述了溪行捕鱼、桃花源仙境、重寻迷路三段故事。时代、渔人的籍贯，都写得十分肯定，似乎真有其事。

第一段通过"忘""忽逢""甚异""欲穷"四个词生动地展示了武陵渔人一路上的心理变化。"忘"字体现了他专注捕鱼，忘记了路途的遥远，这种专注与"徐行不记山深浅"的境界相似。"忽逢"与"甚异"相呼应，描述了他意外遇见桃花林时的惊讶，突显了桃花林的美丽绝伦。"芳草鲜美，落英缤纷"则描绘了一幅色彩斑斓、景色优美的画面，仿佛清香从笔端溢了出来。

第二段简要描述了发现仙境的过程。"林尽水源，便得一山"，点明他已至幽静之地。"山有小口，仿佛若有光"，暗示这是个非同寻常的地方。渔人的探寻目光和急切心情也跃然纸上。进入桃花源后，描写了土地、屋舍、良田、美池、桑竹、阡陌、鸡鸣犬吠等景象，所见所闻，历历在目。接着由远及近，由景到人，描述桃花源人们的生活场景，勾勒出一幅理想的田园生活图景。最后，描写桃花源村民见到渔人的反应，从"大惊"到"问所从来"，从热情款待到临别叮嘱，情真意切，充满生活气息。

第三段写渔人返回途中"处处志之"，暗示他有意再来。"诣太守，说如此"，写他违背了桃花源中人"不足为外人道也"的叮嘱。太守派人随往却"不复得路"，刘子骥也未能找到，表明仙境难寻，桃花源中人不愿"外人"重来。

《桃花源记》呈现出了一个美好而又难以触及的理想世界，既有诗意，又富有现实意义。陶渊明的文字，让我们感受到他心中的桃花源不仅是一个具体的地方，更是一种追求和平、远离纷扰的生活理想。

二

桃源人的叮嘱和故事结尾安排的"不复得路""规往未果"等情节，虚虚实实，恍惚迷离，发人深思。桃花源之境，似在人间，而非在人间。它只可在无意间抵达，不可于有意中求之。似乎与"此中有真意，欲辨已忘言"有着某种微妙的内在联系。

大概，文中那个忽逢桃花源的渔人，就是每个人于万虑释尽、心无挂碍的刹那间所遇见的自己。那个一刹那，一念不生，灵光独耀，所以芳草才格外鲜美，落花纷纷扬扬。

北宋黄庭坚《澄心亭颂》有云："菩萨清凉月，游于毕竟空。众生心水净，菩提影现中。"桃花源就像那天心明月，只有心无尘埃、平静无波澜的人才能看到。即使像南阳刘子骥这样高尚的人有意追寻，但心中执念纷乱，依然难以见到那片理想之地。陶渊明以简单的小说叙述的形式，将深奥的哲理道出，无怪乎后世禅宗将他视为禅宗祖师。

他的文字让我们明白，只有抛开世俗的执念，保持内心的平和，才能找到属于自己的桃花源。这种淡泊名利、追求内心宁静的智慧，直击人心，令人久久难忘。陶渊明无疑用他的作品，给后世留下了无尽的启迪。

《桃花源记》所描写的仙境令人向往，而渔人逗留时间不长，见闻有限，在文章后的《桃花源诗》中，我们得以欣赏到更加详细的桃花源人的美好生活。

桃花源人日出而作，日没而息，相互勉励，努力耕作。因为没有战乱的干扰，五谷能够及时种植。春收蚕丝，秋收粮食，无须向官府缴纳赋税，所以人人能够吃饱穿暖。阡陌交通，鸡犬相闻，桃源人常来常往，和睦相处，仍然保持着古代的礼仪，衣裳也是古代的式样。

孩子们天真愉快地歌唱，老人们自由自在地游乐。桃源人从草木的发荣与凋落便知道春秋之气节变化，从而调节生活和劳作，所以连历法也用不着。俭朴的生活悠然惬意，哪里用得上什么智巧呢？智巧尚且不存在，欺诈权谋就更谈不上了。一切都是顺应自然，怡然自得，这正是陶渊明理想中的社会。

三

有人认为《桃花源诗》赞美"古法"、不要"机巧"，是一种消极、倒退的表现。实际上，他们没有真正领会陶渊明写作的本意。所谓的"古法"，只是陶渊明向往古代社会的淳朴的一种寄托。"于何劳智慧"，实际是陶渊明对世俗生活中的尔虞我诈、钩心斗角所表示的憎恶与否定。陶渊明匡时济世的理想无法在黑暗的现实中实现，只好付诸笔端。

桃花源作为一个理想社会，反映了《礼记·礼运》中的"大同社会"理念，即"天下为公"的思想，但摒弃了"选贤与能"的部分。同时，《桃花源记》也融入了《老子》中"小国寡民"的思想，强调"甘其食，美其服，安其居，乐其俗"，超越了"民至老死不相往来"和"绝仁弃义"的局限。

陶渊明通过《桃花源记》，打造了一片自成一体的新天地，深刻展现了他对传统文化的反思与创新。因此，《桃花源记》堪称中国文化的一大瑰宝。

南阳刘子骥寻找桃花源未果，这是陶渊明对现实的深深悲叹。找不到拯救社会的出路固然令人悲伤，但只要有人不断探索，仍然还是有一线希望的。最可怕的是，如果所有人都放弃了寻找，人类终将会陷入无边的黑暗。

如今，"终日驰车走，不见所问津"，大路上车马奔驰，熙熙攘攘，争名逐利之人比比皆是。工业化使太多人忘记大自然，商业化让不少人心日渐冷漠。如果没有良知的引导和约束，任其发展，人类社会将会陷入万劫不复的深渊。

陶渊明的《桃花源记》不仅是对理想社会的描绘，更是对现实世界的警示。只有回归内心的宁静，摆脱对名利的执着，才能找到真正的桃花源。这个梦想不仅是古代人的追求，也是我们今天需要思考和努力的方向。

陶渊明在《桃花源诗》的末尾写道："愿言蹑清风，高举寻吾契。"他多么渴望乘着清风高飞远去，追随那些志同道合的先贤。这种对理想社会的追求，对美好人性的呼唤，已经穿越时空，成为照亮人类心灵的光辉，成为指引社会前行的文明之光，具有超越时代和国界的重要意义。

巧合的是，1516年，英国空想社会主义学者托马斯·莫尔在他的作品《乌托邦》中，也构思了一个类似桃花源的社会。他主张通过组织生产和普遍劳动，实现公有制和平等的原则，这为之后科学社会主义的发展提供了宝贵的思想素材。1933年，英国作家詹姆斯·希尔顿在小说《消失的地平线》中描述的"香格里拉"，也和桃花源有着相似的意境。

陶渊明的理想社会不仅是他个人的追求，更是对全人类的启迪。无论是莫尔的乌托邦，还是希尔顿的香格里拉，都是对美好社会的向往和对人性的深刻思考。陶渊明通过《桃花源记》，表达了他对和谐、宁静生活的向往，这种理想不仅在古代具有深远影响，对于今天的我们同样具有重要的借鉴意义。追求心灵的宁静，摆脱对名利的执念，或许正是我们寻找现代"桃花源"的关键所在。

世无知音

一

东晋王朝的终结，在千年之后的人们眼中，不过是历史长卷中的一页被轻轻翻过。然而，当时的晋室遗老们，定是满怀悲愤，难以平静。每一个王朝在经历了辉煌与繁荣之后，终究会走向没落，这是历史的必然。

陶渊明的田园依旧，山水如昨，日月常在。步入晚年的他，只愿过着简朴宁静的生活。由于长期的病痛和脚疾，他再也无法像从前那样"晨兴理荒秽，带月荷锄归"，在耕作中找到内心的满足与希望。他也无法在大自然中享受"久去山泽游，浪莽林野娱"的自由与惬意。更多的时候，他只能孤独地与时间对视。偶尔遇到志同道合的朋友，他便会生出无尽的欢喜。

陶渊明在晚年的生活中，虽然身体不再健壮，却依然保持内心的和平与宁静。他的田园生活虽然简单，却充满了他对自然和生命的热爱。这种淡泊名利、追求心灵宁静的智慧，至今仍能给人启示。

永初三年（422年），江州刺史王弘的参军，即庞参军，与陶渊明比邻而居。陶渊明在《答庞参军》序言中写道："自尔邻曲，冬春再交，款然良对，忽成旧游。俗谚云，'数面成亲旧。'况情过此者乎？"

可见他们是一见如故的朋友。他们之间，有把酒临风，也有秉烛倾谈。景平二年（424年），庞参军奉命出使江陵，以诗相赠陶渊明，陶渊明亦回赠，即《答庞参军并序》：

相知何必旧，倾盖定前言。

有客赏我趣，每每顾林园。

谈谐无俗调，所说圣人篇。

或有数斗酒，闲饮自欢然。

我实幽居士，无复东西缘。

物新人惟旧，弱毫多所宣。

情通万里外，形迹滞江山。

君其爱体素，来会在何年？

有人白首如新，有人倾盖如故。陶渊明与人相交，不问富贵贫贱，只求志同道合。虽然一个隐，一个仕，但是骨子里都是尚古的清雅之人，他们对酌篱下，纵论先圣遗篇，谈话之间没有半点尘俗世事。离别的时候，陶渊明带着感伤与惆怅，叮咛好友要保重身体，别忘了常通书信。他知道，世事无常，关山难越，重逢不知要到何年何月。

又过了些日子，听闻周续之离世，那个被陶渊明在诗中称为"意中人"的后生，走时仅47岁。当初他离开林泉的隐居之所，去马队讲学，陶渊明曾经以长者的身份殷殷劝诫："老夫有所爱，思与尔为邻。愿言诲诸子，从我颍水滨。"

周续之在世时，勤学不辍，教学不倦。自刘裕称帝后，他在东城外设立书馆，招集门徒进行教学。刘裕甚至亲自到学馆向他请教《礼记》中的义理，周续之给予了精辟的辨析。因其学识渊博，人称他为"名通"。然而，长年患有风痹，加上过度劳累，导致他中年早逝，实在令人惋惜。至此，"浔阳三隐"只剩下陶渊明一人。

陶渊明素来喜欢交友，但知己寥寥，如今又失去了一位友人，他难免感到落寞，开始思念好友颜延之。颜延之在当时的文坛是领袖人物，与谢灵运、鲍照并称南朝"元嘉三大家"，而陶渊明则名声不显。然而，颜延之十分欣赏陶渊明的人品，两人是真正的文人之交。他们曾一同游历山水，畅谈古今世事，闲话沧海桑田。那时，陶渊明的身体尚且健康。

如今，陶渊明独自一人，回忆起与颜延之共度的美好时光，不禁心生惆怅。虽然身体状况不如往昔，但他依然保持着那份对生活的热爱和对友谊的珍惜。

二

那是九年前的一天。当时刘柳任江州刺史，颜延之任其后军功曹。他对陶渊明的高逸之名早已耳闻，于是慕名拜访。30岁出头的颜延之丰神俊逸，性情率真旷达，才华横溢，陶渊明甚是欣赏。两人饮酒窗下，一夕长谈，成为好友。

颜延之虽有官职在身，但比较清闲，因此，总会时不时来到陶渊明的茅舍，陶渊明也毫不在意，两人款然相对，诗酒相欢。喝醉了，陶渊明便对颜延之说"我醉欲眠，卿可去"，二人无拘无束，尽情尽兴。

后来，颜延之离开江州返回建康，任豫章公刘裕的世子参军。当年刘裕讨伐后秦，十月收复洛阳。颜延之在年底的时候出使洛阳，祝贺刘裕，被授予了宋公的爵位，之后就留在刘裕的身边供职。

宋武帝永初元年（420年），周续之应刘裕的邀请在建康讲学，颜延之多次与其辩论学术，经常用几句话就驳倒周续之的长篇大论，由此更是得到刘裕的赏识。也就是在那时，他开始被徐羡之等人嫉恨。就在徐羡之、傅亮对付刘义真的时候，也一并将颜延之贬官，外放至始安（今广西桂林）

任太守，经过浔阳时，他再次造访了自己的忘年之交陶渊明。《晋中兴书》中记载道："延之为始安郡，道经浔阳，常饮渊明舍，自晨达昏。"

此次重逢，已是刘宋景平二年（424年），距离上次相聚，已过去整整九年。如今，陶渊明行走需要拐杖，满脸沧桑，但依然平和安详。而颜延之在经历了宦海沉浮之后，早已没有了当年的踌躇满志，脸上多了几分历经磨难后的忧愁。

知己相逢，浅斟低唱，总觉得时光匆匆。一番畅谈之后，颜延之不得不踏上归途，两人都不胜感伤。陶渊明在送别知己时禁不住老泪纵横。关河迢递，阴风阵阵，吹乱了老翁的白发，这一别，很可能便是永诀。

临别时，颜延之留下了二万钱，陶渊明将其全部留在酒馆中。可惜，日后再去，只能对景独饮。旧友零落，世无知音，望着白云深处，陶渊明心中感慨万千。然而，那些虽然生活贫困却不失风骨的古代贤士，依然与他遥相呼应。他写下了《咏贫士七首》，缅怀先贤，也激励自我。

其一

万族各有托，孤云独无依。

暧暧空中灭，何时见余晖？

朝霞开宿雾，众鸟相与飞。

迟迟出林翮，未夕复来归。

量力守故辙，岂不寒与饥？

知音苟不存，已矣何所悲！

其二

凄厉岁云暮，拥褐曝前轩。

南圃无遗秀，枯条盈北园。

倾壶绝余沥，窥灶不见烟。

诗书塞座外，日昃不遑研。

闲居非陈厄，窃有愠见言。

何以慰吾怀？赖古多此贤。

这两首诗为七首诗的纲领。

黄昏，陶渊明茕茕孑立于天地间，见万物均有所依托，唯有空中那一抹孤云，无依无傍，在昏昏暮色中渐渐飘向不可知的远方，不禁感慨：何时才能见到它的残光余晖呢？这是老人迟暮，预感生命无多的心境。

这一夜，陶渊明辗转反侧，难以入眠。他回顾自己的一生，对归隐和最终的贫困生活毫无悔意。清晨的景色引发了他的感慨：当初他因不满世人趋炎附势的风气，选择了远离官场。后来因生活所迫，不得不出来谋生，但很快就因不愿为五斗米折腰而再次归隐，就像那迟出早归的独鸟。他感叹道：自己坚守的生活道路，是经过反复思量后量力而行的决定。他也明白，这种生活免不了饥寒交迫的困苦。然而，知音已散，他在贫困中终此一生，也无悲伤可言了。

在第二首诗中，他描绘了自己的贫居境况。寒冬岁暮，他在茅屋前晒太阳，眼中所见只有枯树寒枝，别无他物。灶炉无烟，酒壶尽空。逸兴已消，案上的诗书虽堆积如山，却无法缓解他的饥寒，只能随意堆放，任由白日西斜，他也无心再去研读。日头一落，又将迎来另一个漫长的冬夜，如何度过，他心中无计。世道纷乱，年成荒芜，诗人的晚景凄凉到了极点。

其三

荣叟老带索，欣然方弹琴。

原生纳决履，清歌畅商音。

重华去我久，贫士世相寻。

弊襟不掩肘，藜羹常乏斟。

岂忘袭轻裘？苟得非所钦。

赐也徒能辩，乃不见吾心。

荣启期是他精神世界的老朋友了，荣启期暮年贫苦，以绳为衣带，在郊野弹琴为乐。怡然自得的画面，在陶渊明的内心放映过无数遍。他的超然物外，也让陶渊明备受鼓舞。

原生指原宪，字子思，是孔子的弟子。他清静守节，贫而乐道。《韩诗外传》载：原宪居鲁国时，一次子贡去看他，他出来接见时，穿着破衣服和开口的鞋子，子贡见此，关心地问："你是不是生病了？"原宪回答："无财谓之贫，学道而不能行者谓之病，我没有病，只不过贫穷而已，那种将仁义藏起来，香车宝马的生活，我原宪是不愿意过的。"子贡惭愧而去，原宪却"徐步曳杖，歌《商颂》而返。声满于天地，如出金石"。

其四

安贫守贱者，自古有黔娄。

好爵吾不荣，厚馈吾不酬。

一旦寿命尽，弊服仍不周。

岂不知其极？非道故无忧。

从来将千载，未复见斯俦。

朝与仁义生，夕死复何求？

黔娄从小饱读诗书，曾著书四篇，取名叫《黔娄子》。此书旨在阐扬法理，由伏羲氏凭天降河图神龟显示八卦之数，而研究天地生成的道理，重在从天地运行的气教，来求得宇宙变化的理教。

他的学术理论受到齐侯的重视，齐侯备下重金，请黔娄到朝廷做官，聘他为卿，他却坚辞不受。齐威王曾亲临黔娄洞请教，为了表示尊重，他远远就下马脱靴，徒步进洞。后来鲁国国君也派人去请他出任鲁国的相国，并给他赐粟三千钟的俸禄，黔娄仍不为高官厚禄所动。

尽管家徒四壁，然而黔娄励志苦节，视荣华富贵如过眼烟云，不争名逐利，他与妻子一同下田耕作，夫唱妇随，情好无间，看花开花落，听鸟语声喧。风过林梢，月上蕉窗，二人过着与世无争的生活。

黔娄的行为并不荒诞，他反映了一种社会思潮：当天下无道的时候，当凭一己之力无法拯救百姓时，那么自己就远离尘世，洁身一生。这种思想与陶渊明是一致的。

其五

袁安困积雪，邈然不可干。

阮公见钱入，即日弃其官。

刍藁有常温，采莒足朝飡。

岂不实辛苦？所惧非饥寒。

贫富常交战，道胜无戚颜。

至德冠邦间，清节映西关。

其六

仲蔚爱穷居，绕宅生蒿蓬。

翳然绝交游，赋诗颇能工。

举世无知者，止有一刘龚。

此士胡独然？实由罕所同。

介然安其业，所乐非穷通。

人事固以拙，聊得长相从。

其七

昔在黄子廉，弹冠佐名州。

一朝辞吏归，清贫略难俦。

年饥感仁妻，泣涕向我流。

丈夫虽有志，固为儿女忧。

惠孙一晤叹，腆赠竟莫酬。

谁云固穷难？邈哉此前修。

这三首诗所咏的，皆为汉朝人物。

袁安，字邵公，家境贫寒。冬日大雪，积雪有一丈多厚，洛阳令在城中巡察，见各家都清扫门前，有乞食之人。他走到袁安家门前，发现门前并无行路的痕迹。洛阳令以为袁安已经去世，便叫人除雪入内察看，发现袁安在室内僵卧。问他为何不出门，袁安回答："天下大雪，人人缺食，不宜求人。"洛阳令认为他贤德，举荐为孝廉。

张仲蔚，东汉平陵人，据《高士传》记载："隐身不仕……善属文，好诗赋。常居穷素，所处蓬蒿没人。闭门养性，不治荣名。"陶渊明与张仲蔚性情志趣相似，所以他愿意"聊得长相从"。

黄子廉曾为南阳太守，为人清廉，后辞官归隐，清贫度日。其妻曾劝慰他，与陶渊明的境况相似。也许，陶渊明的妻子翟氏也曾因不忍几个孩子挨饿受冻而在他面前泪满衣裳。陶渊明毕竟是个诗人，乃至哲人，所以他能超然物外，追求心灵的自由和高洁，即使身体正经历饥寒的折磨。而翟氏毕竟是一位母亲，她需要承载生活的重量，她对困窘生活的哭诉也在情理之中。

此时，陶渊明初归田园时的悠闲情趣，已被"倾壶绝余沥，窥灶不见烟"的窘迫所取代。"泛览周王传，流观山海图"的雅兴，也成了"诗书塞座外，日昃不遑研"的无奈。"凝霜殄异类，卓然见高枝"的卓然景象，也已改换成"南圃无遗秀，枯条盈北园"的萧条。

他再也无复当年"五六月中，北窗下卧，遇凉风暂至，自谓是羲皇上人"的快意，"拥褐曝前轩"这一诗歌形象，足见其当时不仅是肉体，连精神也已被贫困折磨得疲惫不堪。贫困把天真的陶渊明从高居云端的逍遥游拉回到现实。

这种境遇虽然看起来不幸，但也是一种幸运。正如他诗中写的

"严霜殄异类，卓然见高枝"，在衣食无虞中坚守气节，拒绝与世俗同流合污，是容易的，并不能体现境界之高度。然而在极度贫困中，忍受生活摧残，他仍能一再拒绝朝廷的征召，安贫乐道，更显其卓然高标。

贫困使陶渊明的精神进一步净化，也使他的高洁品格拥有了更充实的内涵，成为中国诗史上少数真正无愧于固穷守节之称的隐逸诗人。

如今，世人皆艳羡富豪排行榜上的人物，纷纷效仿，追名逐利，不惜抛弃仁义。而在1600多年前，陶渊明追随的是坚守仁义之道的贫士，甘愿放弃世俗官职。这种行为，对当下这个将财富作为唯一价值标准、被欲望笼罩的社会，无疑是一剂清凉剂。

去留无意

一

文帝元嘉三年（426年），乱世又逢大旱，蝗虫肆虐，因干旱而龟裂的大地寸草不生，庄稼颗粒无收。到处可见荒凉的村庄，在简陋残破的茅屋中，人们饿得奄奄一息。归隐田园后的陶渊明，退为以耕种为生的普通农民，并无其他经济来源，因此，也只能在极度的饥饿中煎熬。

旧谷即没，新谷未登，颇为老农，而值年灾，日月尚悠，为患未已。登岁之功，既不可希，朝夕所资，烟火裁通。旬日以来，始念饥乏。岁云夕矣，慨然永怀。我今不述，后生何闻哉！

弱年逢家乏，老至更长饥。

菽麦实所羡，孰敢慕甘肥。

怒如亚九饭，当暑厌寒衣。

岁月将欲暮，如何辛苦悲！

常善粥者心，深念蒙袂非。

嗟来何足吝，徒没空自遗。

斯滥岂攸志，固穷夙所归。

馁也已矣夫，在昔余多师。

——《有会而作并序》

"有会而作"即对生命有所领悟而作。此时正值岁暮之际，旧谷已经吃完，新谷尚未登场，适逢灾年，粮食匮乏到了生活难以为继的地步。

年少即逢家困乏，老来更贫常受饥。此时，只要有粗食充饥就已心满意足，欲吃精美的食品简直是非分之想。饥饿时进食无不可口；缺衣少穿，夏天还穿着冬天的粗布寒衣。人生本来短暂，而在如此恶劣的条件下了此一生，怎不让人悲从中来！

然而，陶渊明并未沉溺于悲伤，也没有因为饥饿而做出违背原则的事。他在悲伤中反思，寻找符合他心中大道的生命出路，最终，他构建了一个在险恶的生存环境下，既要"贵生"，更要"守志"的生命价值体系。

他引用了《礼记·檀弓》中黔敖的故事。

黔敖是春秋时期齐国的一位贵族，他在饥荒年间设粥棚救济饥民，但因一次无礼的呼唤而引发了争议。

当时，齐国发生了严重的饥荒。黔敖在路边准备好饭食，供路过的饥民食用。有一个饥民用衣袖蒙着脸，脚步拖拉，双眼昏昏无神地走来。黔敖左手端着食物，右手端着汤，说道："喂，来吃吧！"那饥民抬起头看着他说："我正是因为不吃别人的施舍，才落到这个地步！"黔敖追上前去道歉，但那饥民仍然不吃，最终饿死了。曾子听到这件事后说："恐怕不必如此吧！黔敖无礼呼唤时，当然可以拒绝，但道歉之后，他其实可以去吃的。"

陶渊明肯定了施粥者的善意，但对那位饥民因小小的荣辱而舍生死去，充满了惋惜。

这里体现了诗人与庄子"贵生"精神的共鸣。庄子主张"保身全生"，反对"危身弃生以殉物"。他在《庄子·骈拇》中感叹："自三代以下者，天下莫不以物易其性矣！小人则以身殉利，士则以身殉名，大夫则以身殉家，圣人则以身殉天下。"他认为，人不应该为了名利等身外之物而放弃宝贵的生命和天真的个性，这是一种对生命的异化。生命应该以其自身为目的。

二

陶渊明在他的生活和作品中，体现了这种贵生守志的精神。他

的诗句中，既有对困境的真实描绘，也有对生命意义的深刻
思考。他不因为贫困而丧失志向，也不因为环境恶劣而退
缩。正是这种精神，使他的作品在千年之后，依然能够打动
人心，激励后人坚持自我，追求内心的自由和高洁。

袁行霈先生曾评论道："沉痛之极！若非饥饿难耐，渊
明不能为此语也；若非屡经饥饿，渊明不能为此语也。"

诚然。想必此时的陶渊明已经被饥饿折磨到了极致，情
绪的河流经过逶迤的河道，百转千回，最终撞上坚硬的礁
石，激起千层浪花，这只不过是他对黑暗的不公的社会的一
种反击和痛斥，是一时的激愤之语，事实上，他很快恢复了
往日的平静。

"斯滥岂攸志，固穷夙所归"一句典故出自《论语·卫
灵公》。儒家认为世上有两类人，即君子和小人。君子志向
高远，安贫乐道，即使身处困境，也能获得精神上的自由。
小人则心为物役，自甘堕落，最终在随波逐流中迷失了自
我。陶渊明选择效法前者，否定后者。诗的末句"馁也已矣
夫，在昔余多师"也体现了他坚决以固穷之志面对困境的
决心。

陶渊明在他的诗中表达了自己对生活困苦的坦然接受和
对高尚品格的追求。他不为世俗的荣华所动，而是以高远的
志向和坚定的信念面对生活中的种种艰难。他效法那些在困

境中坚守志向的古人，坚信只要心怀高尚的理想，即使身处贫困，也能保持精神的自由和内心的宁静。

此时，陶渊明在庄子的"贵生"思想与儒家君子固穷的"守志"精神之间找到了平衡点。接下来，他也是这样做的。他拄着拐杖，拖着病体，迈着沉重的步伐走向了田园南村一位"素心人"的家里乞食以维持生命。他坚定地拒绝了官场刺史檀道济的粱肉馈赠，最终在饥病中离世。

> 饥来驱我去，不知竟何之。
>
> 行行至斯里，叩门拙言辞。
>
> 主人解余意，遗赠岂虚来。
>
> 谈谐终日夕，觞至辄倾杯。
>
> 情欣新知欢，言咏遂赋诗。
>
> 感子漂母意，愧我非韩才。
>
> 衔戢知何谢，冥报以相贻。
>
> ——《乞食》

这位年迈的老翁，被饥饿所迫，孤独地走在乡间的小路上，不知不觉间来到了一个小村庄。虽然他一路不知所终，但在潜意识中，他知道这里或许能找到帮助。敲开一户人家的门，他却因自尊心作祟，言辞吞吞吐吐，不知该如何开口求助。对一个有自尊心的人来说，乞食确实是一件难堪的事。

　　主人看到老翁饥饿的模样，立刻明白了他的困境，毫不犹豫地拿出粮食相赠。果然，这一趟没有白来。多么善良的人啊！诗人的心情从痛苦和惶恐转变为欣慰和感激。主人不仅救人于危难之中，而且懂得体贴别人的感受。他热情地挽留诗人坐下交谈，两人相谈甚欢，不觉已是黄昏，饭菜也已准备好，主人摆出了酒菜相待。此时，陶渊明已无拘无束，端起酒杯开怀畅饮。

　　在这温暖的一幕中，我们看到了人间的温情与善意，也感受到了陶渊明质朴的本性和对生活的热爱。尽管生活艰难，但在这样的时刻，他依然能够感受到人与人之间的真诚和关怀。这不仅是物质的救助，更是对他心灵的抚慰，使他在贫困中依然保持着对生活的热情和希望。

三

　　诗人因结识了这位新友而深感欣喜，谈得尽兴，于是作诗一首以示感谢。"感子漂母意，愧我非韩才"，这是陶渊明借用了《史记·淮阴侯列传》中的一个典故。当年韩信还是布衣时，贫困潦倒，有一次在城下钓鱼时，一位漂母见他饥饿，便给了他饭吃，并持续了数十日。韩信感激不已，后来他在刘邦手下立大功，被封为楚王，便招来那位漂母，赠予她千金。

陶渊明用这个典故表达了对主人的感激之情，他说，感谢您对我的无私帮助，让我想起了漂母的故事。惭愧的是，我没有韩信那样的才能，无法像他那样重报您的恩情。我将永远把这份感激珍藏在心里，或许在来生，我才能报答您的恩德。中国古代有"冥报"的说法，如"结草衔环"的故事便是。"冥报"指的是在来世或者死后报答恩情，这种感激之情，虽不一定真的能实现，但其诚挚和深厚，却无比珍贵。

这首诗的意义，远远超越了乞食一事。整首诗语言平淡无华，却洋溢着人性的光辉。主人急人之难，诗人感恩图报，都是至性真情的自然流露，光彩照人。这是两种高尚人格的相互映照。乞食之事，极少有人经历，即使经历了也不会写成诗，而陶渊明坦然面对，真实地反映出他朴实率真的个性。

宋文帝元嘉四年（427年）的一天，时任征南大将军、江州刺史的檀道济带着粱肉前来拜访陶渊明。据说檀道济曾随刘裕讨伐桓玄，他们很可能是旧交。这段历史细节为陶渊明的生活增添了几分人情味，也展示了他广泛的人际交往和深厚的友谊。

　　江州刺史檀道济往候之，偃卧瘠馁有日矣。道济谓曰："贤者处世，天下无道则隐，有道则至；今子生文明之世，奈何自苦如此？"对曰："潜也何敢望贤？志不及也。"道济馈以粱肉，麾而去之。

——萧统《陶渊明传》

此时，陶渊明不仅饥寒交迫，而且重病在身。骨瘦如柴，卧床难起。檀道济听说了其贫困，但不知这位隐士居然落魄到这种地步，他劝陶渊明："我听说贤人处世，如果天下无道，不能施展自己的才华，则隐居山林；天下有道则出仕，一展抱负。值此昌明之世，何必让自己这般穷困潦倒？"陶渊明回答说："我怎么敢奢望成为贤人，我的志向达不到啊。"

陶渊明本性宽厚，喜欢交友。昔日性情相投的朋友中也有官场中人，他与颜延之是文人之交，与殷景仁互为知己，王弘身为江州刺史，却丝毫不摆架子，谦恭有礼，重阳节白衣送酒，温暖真挚。

其次，颜、殷、王三人虽然效劳于刘宋，但都不是刘裕的亲信。颜延之被贬为边远的始安郡太守，是刘裕的第一号顾命大臣徐羡之排斥的结果，殷景仁对此事曾愤慨地说："所谓俗恶俊异，世疵文雅"。王弘在刘裕建宋后虽任尚书仆射，在刘裕封功臣的诏书中名列第二，但刘裕并不信任他，临死时都未予顾命重任。

而檀道济则是刘裕的亲信，对刘裕十分效忠。陶渊明当初既毅然离开了刘裕，对其亲信自然不会有好感，而且他的话里明显有抱怨陶渊明不为新王朝效劳的意思，他的馈赠也带有怜悯和拉拢的意味。他将刘裕篡弑登位的世道说成了"昌明之世"。

性情不同，追求各异，陶渊明断然拒绝了他的粱肉馈赠，"麾之而去"。

四

宋文帝元嘉四年（427年）九月，荒草满地，落木萧萧，陶渊明生死了然，知时日不多，作《自祭文》：

> 岁惟丁卯，律中无射。天寒夜长，风气萧索，鸿雁于征，草木黄落。陶子将辞逆旅之馆，永归于本宅。故人凄其相悲，同祖行于今夕。羞以嘉蔬，荐以清酌。候颜已冥，聆音愈漠。呜呼哀哉！

> 茫茫大块，悠悠高旻，是生万物，余得为人。自余为人，逢运之贫，箪瓢屡罄，絺绤冬陈。含欢谷汲，行歌负薪，翳翳柴门，事我宵晨，春秋代谢，有务中园，载耘载籽，乃育乃繁。欣以素牍，和以七弦。冬曝其日，夏濯其泉。勤靡余劳，心有常闲。乐天委分，以至百年。

> 惟此百年，夫人爱之，惧彼无成，愒日惜时。存为世珍，殁亦见思。嗟我独迈，曾是异兹。宠非己荣，涅岂吾缁？捽兀穷庐，酣饮赋诗。识运知命，畴能罔眷。余今斯

化，可以无恨。寿涉百龄，身慕肥遁，从老得终，
奚所复恋！

寒暑愈迈，亡既异存，外姻晨来，良友宵奔，
葬之中野，以安其魂。窅窅我行，萧萧墓门，奢耻
宋臣，俭笑王孙。廓兮已灭，慨焉已遐，不封不树，
日月遂过。匪贵前誉，孰重后歌？人生实难，死如
之何？呜呼哀哉！

这是哲人的生命绝唱。

丁卯年九月（427年），正值秋季无射的时节，天寒夜
长，风萧索，草木凋零，大雁南飞。陶渊明即将告别人世，
回到他心灵的归宿。亲朋好友们因他的病重而悲伤，今晚齐
聚一堂，为他送行。供饭供菜，清酒相伴，大家看着他面色
日渐苍白，声音也愈发微弱。

陶渊明在《自祭文》中对自己的一生进行了回顾：在这
茫茫大地和无尽高天之间，万物生长，我也降生在其中。从
我出生那刻起，便注定与贫困为伴，家中常常是空空如也，
寒冬里依旧穿着夏日的衣服。尽管如此，我依然以快乐的心
情去山谷取水，背柴时还哼着小曲。在昏暗简陋的茅舍中，
每天忙碌不停。从春到秋，田园中总有干不完的活，除草培
土，作物茁壮。我捧起书籍，心中喜悦；弹起琴弦，仿佛回

到上古时光。冬天晒太阳，夏天泡清泉，辛勤耕作，不遗余力，内心总是悠然自得。遵循天道，顺其自然，就这样度过了一生。

人们都珍惜短暂的生命，担心一事无成，不愿浪费一分光阴，渴望生前受人尊敬，死后被人怀念。而我一向独自前行，与世人不同。世俗的荣宠并非我的追求，污浊的社会也无法污染我的心境。我住在简陋的屋子里，饮酒赋诗。因为我懂得命运的安排，所以心无挂碍。如今，我即将离去，也没有什么遗憾。我得以高龄善终，还有什么好留恋的？

岁月流逝，死与生不同。亲戚们清晨来吊唁，好友们连夜奔丧。人们将我葬在野外，让我的灵魂得以安宁。我走向幽冥，萧萧秋风吹拂着墓门。丧葬过于奢华是不对的，像宋臣桓魋那样做石棺是可耻的；但过于节俭也不好，提倡裸葬的杨王孙也值得讥笑。墓地空旷，万事已灭，不需要起坟头、栽墓树，一切终将随岁月流逝。生前的美誉并不珍贵，谁还会在乎死后的赞颂呢？生之艰难，我已历经，不知死后又将如何？

十一月，陶渊明悄然离世，享年63岁。虽然他离开了这个世界，但功名利禄、娇妻美妾、儿孙满堂，这些世俗的追求，哪一样是能长久留住的呢？唯有内心的纯真和一生的品行才是可以守住的。

他早已远离了世间的虚妄与迷惘，无挂无碍。他将任性自然地度过一生作为生命的价值所在，将淡泊明志作为生命的最高境界，他也做到了。所以，他走得平静而安详。

田园诗仙

一

　　岁月流转，千年之后伟人毛泽东踏足浔阳，登临庐山之巅，仿佛穿越时空，向陶渊明轻声问候："云横九派浮黄鹤，浪下三吴起白烟。陶令不知何处去，桃花源里可耕田？"这问候，温暖如老友重逢。

　　辛弃疾也曾遥相呼应："千载后，百篇存。更无一字不清真。若教王谢诸郎在，未抵柴桑陌上尘。"是的，陶渊明，他以诗为魂，活在每一缕山风中，每一片湖光里。庐山的每一道褶皱，都藏着他吟诗作对的回响；鄱阳湖的每一滴清澈，都映着他"归去来兮"的洒脱。浔阳的松菊间，仿佛还能嗅到他高洁的气息，那是属于华夏儿女共有的精神家园。

　　在那片被世人寻觅的桃花源里，陶渊明或许正悠然自得，抚松赏菊，举杯邀月。晨光初照，他头戴葛巾，身着布衣，躬耕于田畴之间，那里，是心灵得以栖息的净土，是中国文化深处的一片净土。

岁月悠悠，终有人读懂了他那份孤独与坚持。他们穿越荆棘，只为寻得那份共鸣。梁太子萧统，作为他的首位知音，率先攀登至这精神之巅，赞叹其诗文之独特，词采之精妙，为陶诗开启了被尊崇的新篇章。

唐代，他与谢灵运并肩，被尊为"陶谢"，李白更是对其诗爱不释手，多次表达相见恨晚之情。白居易贬谪江州，亦不忘探访陶公遗迹，以诗会友，共话风雅。

宋代，陶渊明被誉为"晋宋之间第一人"，苏东坡更是对其推崇备至，认为其诗作质朴中见华丽，清瘦中藏丰腴，无人能及。自此，陶渊明在诗坛的地位，如日中天，无人能撼。

元好问则以"天然去雕饰，真淳见人心"评价陶诗，道出了其质朴无华、情感真挚的精髓。而时至今日，陶渊明依然是文学与品德并重的典范，被无数文人墨客敬仰。

如此，陶渊明，这位千古诗人，以他的诗，以他的人，永远活在了人们的心中，成为不朽的传奇。

在历史的长河中，陶渊明以其独特的生活哲学与人生境界，成了后世无数人心中的灯塔。

陶渊明的心中，既有对个人生活的热爱与享受，也有对世间疾苦的深切关怀。他不像那些只知"有身"或"有我"的隐士，将自己封闭在狭小的世界里；也不像那些自视甚高、目中无人的孤傲者，视人如草芥。他胸怀宽广，能容世间万物，既能在田园间享受躬耕之乐，亦不忘忧国忧民之情。

在陶渊明的诗作中，我们能看到他对人性的深刻洞察与对自然的无限热爱。《杂诗》中的"落地为兄弟，何必骨肉亲"，表达了他对世间万物一视同仁的博爱精神；《读山海经》中的"众鸟欣有托，吾亦爱吾庐"，则展现了他与自然和谐共处的理想生活状态。

陶渊明的生命，是一场对真我与自由的不懈追求。他坚守生命的真性，翻转了被世俗颠倒的价值观念，用一生的实践诠释了"隐士精神"的真谛。在他的世界里，没有名利的牵绊，没有世俗的束缚，只有一颗纯净无瑕的心，与天地同呼吸，与万物共命运。

二

今天，当我们再次品读陶渊明的诗篇，依然能感受到那份跨越时空的温暖与力量。他用自己的生命告诉我们：真正的超脱，不是逃避现实，而是以一种更加积极、更加包容的态度去面对生活；真正的幸福，不在于物质的丰富，而在于心灵的自由与满足。

因此，这片精神的高地不断被后人精心耕耘，去芜存菁，那迎霜挺立的松林不再杂草丛生，那隐逸林泉的菊花也被更多人欣赏。历代的文人士大夫，当在官场中感到疲惫不堪之时，都会选择来到这里，宣誓自己与虚伪和贪婪划清界限；当人们被欲望裹挟，心为形役，陷入迷茫时，也会想起1600多年前诗人的真挚呼喊：

"归去来兮，田园将芜胡不归？既自以心为形役，奚惆怅而独悲！悟已往之不谏，知来者之可追；实迷途其未远，觉今是而昨非。"

德国哲学家海德格尔曾说："生命充满劳绩，但还应诗意栖居。"对于中国人来说，这种诗意的栖居，大多在陶渊明的诗句里得以实现。他们在这里悬崖勒马，放松心情，找回生命的真意。

陶渊明的诗歌，不仅仅是文学作品，更是人们的一种心灵寄托和精神的家园。他用朴实的语言，描绘出一种远离尘嚣、宁静祥和的田园生活，让后世的人们在阅读他的诗文时，能够暂时摆脱现实的束缚，重拾内心的宁静与自由。